하나 바이블

The Kingdom of God in the Bible
하나 바이블은 성경 속에서 하나님 나라를 배우는 책입니다.
왕관은 하나님의 통치, 길은 하나님 나라 백성의 삶을 의미합니다.

년부
1과정·2학기
학생용

교회용

“하나님 나라의 역사”

하나 바이블

하나 바이블 | The Kingdom of God in the Bible

하나 바이블은 성경 속에서 하나님 나라를 배우는 책입니다.

왕관은 하나님의 통치, 길은 하나님 나라 백성의 삶을 의미합니다.

유년부
1과정·2학기
학생용

교회용

“하나님 나라의 역사”

하나 바이블

교회 :

이름 :

대한예수교장로회총회

유년부 1과정 2학기

10단원 마음을 다하는 하나님 나라

11단원 은혜를 나누는 하나님 나라

12단원 노래하는 하나님 나라

절기 & 특별 공과

성경 목록

구 약

율법서

창세기, 출애굽기, 레위기, 민수기, 신명기

역사서

여호수아, 사사기, 룻기, 사무엘상, 사무엘하, 열왕기상, 열왕기하, 역대상, 역대하, 에스라, 느헤미야, 에스더

시가서

욥기, 시편, 잠언, 전도서, 아가

대선지서

이사야, 예레미야, 예레미야애가, 에스겔, 다니엘

소선지서

호세아, 요엘, 아모스, 오바댜, 요나, 미가, 나훔, 하박국, 스바냐, 학개, 스가랴, 말라기

신 약

복음서

마태복음, 마가복음, 누가복음, 요한복음

역사서

사도행전

바울서신서

로마서, 고린도전서, 고린도후서, 갈라디아서, 에베소서, 빌립보서, 골로새서, 데살로니가전서, 데살로니가후서

바울서신서

디모데전서, 디모데후서, 디도서, 빌레몬서

하나 바이블

일반서신서

히브리서, 야고보서, 베드로전서, 베드로후서, 요한일서, 요한이서, 요한삼서, 유다서

예언서

요한계시록

성경말씀 찾는 방법

1 **구약**인지 **신약**인지 찾아요. ········ 성경은 구약과 신약으로 나누어져 있어요.

2 성경책 옆에 있는 **약자**를 찾아 성경을 펴요.
········ 약자는 성경책명을 줄이는 방식으로 되어 있어요.

3 **장**을 찾아요. ········ 성경의 큰 숫자는 장을 나타내요.

4 **절**을 찾아요. ········ 성경의 작은 숫자는 절을 나타내요.

★ 성경 찾는 연습은 미션북 4-5페이지에서 해요!

미션북 활용법

주일뿐만 아니라 **매일매일** 하나님 나라를 배워요.
교회에서뿐만 아니라 **집에서도** 하나님 말씀을 가까이해요.
혼자서뿐만 아니라 **가족과 함께** 말씀을 실천해요.
주중에 미션을 실천한 후 네모 박스에 체크를 해요. ☑

하나 바이블

23과 약속의 말씀을 어떻게 해야 하나요?

·가정 복습 활동·

유년부 앱(APP)을 했나요? ☐ ①

성경이야기 ②

③ **하나님 나라 스토리를 읽어요** ☐

하나님은 모세의 뒤를 이을 이스라엘의 새로운 지도자로 여호수아를 선택하셨어요. 여호수아는 이스라엘 백성을 약속의 땅 가나안으로 이끌어야 해요.

이스라엘 백성은 이제 가나안 땅에 들어가서 많은 전쟁을 통해 그 땅을 정복해야 했어요. 하나님께서는 가나안 땅을 정복할 수 있는 방법을 여호수아에게 말씀하셨어요. 하나님은 여호수아에게 모세를 통해 주신 말씀을 밤낮으로 묵상하고, 말씀을 다 지켜 행하라고 하셨어요. 하나님은 이미 모세를 통해 이스라엘에게 가나안 땅을 주실 것이라는 약속과 그 땅에 들어가서 살아가야 할 삶의 교훈을 주셨어요. 이스라엘 백성이 약속의 땅을 얻는 방법은 하나님의 말씀을 힘써 지키는 것이에요. 하나님의 약속을 묵상하고 지키는 것이 하나님 나라의 백성으로 이 세상에서 하나님 나라를 보여주는 방법이에요. 하나님 나라의 백성인 우리도 약속의 말씀을 묵상하고 지켜야 해요.

선생님의 칭찬 메시지

12

④ **가족과 함께 이야기해요** ☐

1. 누가 이스라엘의 새로운 지도자로 세워졌나요?
2. 이스라엘 백성이 약속의 땅을 얻으려면 어떻게 해야 하나요?
3. 우리 가족은 묵상하는 시간을 가지고 있나요?

⑤ **요절 챈트를 따라 부르고, 요절을 쓰세요** ☐

요절챈트

여호수아 1장 8절

⑥ **단원 찬양 영상을 보고 가장 기억에 남는 단어나 문장을 적어 보세요** ☐ 1주

13

2주 **여호수아 6장 12-14절을 읽고, 아래의 단어가 몇 번 나오는지 찾아보세요** ☐

여호와의 궤 ____번 | 뒤를 따르고 ____번

3주 **교회용 '실천하기'를 한 후 나의 마음을 표정으로 그려 보세요** ☐

4주 **여호수아 14장 12-14절을 읽고, 아래의 내용이 나오는 절을 찾아서 적으세요** ☐

여호와께서 나와 함께 하시면 ____절 | 갈렙을 위하여 축복하고 ____절 | 여호와를 온전히 좇았음이라 ____절

1 **유년부 앱(APP)을 한다.**
게임을 하면서 주일에 배운 공과 내용을 복습해요.

2 **성경이야기 영상을 본다.**
주일에 배운 성경 본문 이야기를 영상으로 복습해요.

3 **하나님 나라 스토리를 읽는다.**
성경 그림과 글을 연결시켜서 생각해 보세요.
인물의 이름에 동그라미를 하면서 읽어 보세요. 더 재미있게 읽을 수 있어요.

4 **가족과 함께 이야기 하고 말씀을 실천한다.**

5 **요절 말씀을 쓰고, 요절 챈트를 따라 부르며 말씀을 외운다.**

6 **1주는 단원 찬양 영상을 보고 생각나는 단어나 문장을 적는다.**
2주는 말씀 속 핵심 단어를 찾는다.
3주는 교회용 '실천하기'를 한 후 나의 마음을 표정으로 표현한다.
4주는 말씀 속 핵심 단어가 나오는 본문을 찾는다.

7 **주일에 선생님께 확인 받는다.**

8 **미션북 가정 체크 리스트(별지)**
매주 미션북을 했다면 스스로 매 주일 하나씩 스티커를 붙여 보세요.

유년부 앱(APP) 활용법

[하나 바이블 유년부] 앱(APP)은
평면적인 종이 교재를 벗어나 **입체적인 신앙교육**을 가능하게 해요.
유년부 앱을 통해 주일에 배운 내용을 **복습**할 수 있어요.

1 단계

플레이 혹은 앱 스토어에서
"하나 바이블 유년부"
앱(APP)을 내려받기 해요.

(1) QR 코드를 찍어 주세요.

사용법 / 앱 다운로드

(2) 하나 바이블 유년부 앱 다운로드 링크에 접속하여 앱을 내려 받아 설치해 주세요.

(3) 설치된 앱의 실행 방법은 QR코드의 사용설명 영상링크에 접속하여 확인할 수 있습니다.

2 단계

내려받은 하나 바이블
유년부 앱(APP)을 실행해요.

3 단계

주일 예배 후 주중에는
앱(APP)으로 복습해요.

학부모 앱(APP) 활용법

부모님에게도
하나 바이블 유년부 앱(APP)을 소개해요.

1 학습 요점 영상
과별 본문 내용과 핵심 문장을 기억하고
생활 속에서 실천할 수 있도록 도와주는
성경 이야기 영상을 볼 수 있어요.

사용법 / 앱 다운로드

2 과별 요절 챈트 & 단원 찬양 영상
요절과 단원 주제를 기억하도록 도와주는 찬양 영상을 볼 수 있어요.

3 유년부 미션북 정답
미션북 과별 정답을 확인할 수 있어요.

4 매일 큐티
앱 큐티로 말씀을 묵상하고,
영역별 기도 제목으로 매일 기도할 수 있어요.

5 신앙 점검
개인 신앙 점검표를 날마다 작성할 수 있어요.

6 공과 시연 영상
영상을 보면서 학생 혼자서
공과를 할 수 있어요.

그림으로 보는 22과

· 23과 ·

약속의 말씀을
어떻게 해야 하나요?

· 24과 ·

우리는 무엇의 뒤를
따라가야 하나요?

· 25과 ·

이웃과의 약속을
어떻게 해야 하나요?

· 26과 ·

우리는 끝까지
무엇을 선택해야 하나요?

· 31과 ·

어려움이 있을 때
무엇을 해야 할까요?

· 32과 ·

사무엘은 하나님의
말씀을 듣고 어떻게 했나요?

· 33과 ·

우리의 마음이
어디를 향해야 하나요?

· 34과 ·

어떻게
순종해야 하나요?

· 39과 ·

하나님의 은총을
받은 사람은 어떻게
살아야 하나요?

· 40과 ·

누가 죄를 인정하고
돌아서나요?

· 41과 ·

어떤 마음으로
하나님께 드려야 하나요?

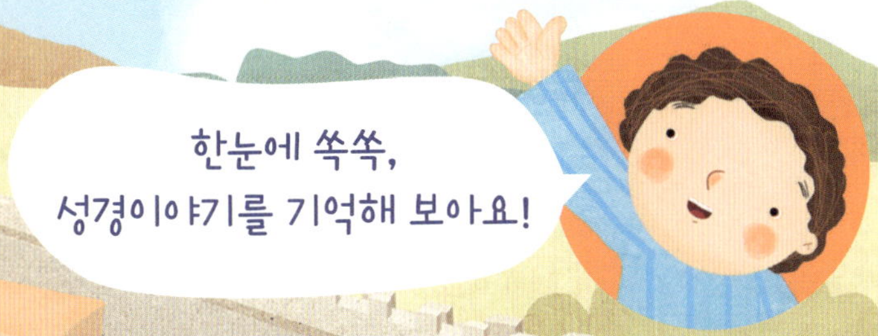

· 27과 ·

무엇이
신앙의 실패인가요?

· 28과 ·

우리는 무엇을
의지해야 하나요?

· 29과 ·

하나님을 주인으로
고백할 때, 어떻게 되나요?

· 30과 ·

왜 룻은 나오미와
함께 갔나요?

· 35과 ·

하나님은 무엇을
중요하게 보시나요?

· 36과 ·

다윗은 무엇을
의지하며 나아갔나요?

· 37과 ·

억울한 상황에서
어떻게 해야 할까요?

· 38과 ·

하나님은 다윗의 집에
무엇을 주셨나요?

· 42과 ·

누가 우리의
목자일까요?

· 43과 ·

함께 모여
무엇을 할까요?

· 44과 ·

참된 지혜는
무엇일까요?

23과 약속의 말씀을 어떻게 해야 하나요?

여호수아 1장 1-9절

외울말씀 | 여호수아 1장 8절

이 율법책을 네 입에서 떠나지 말게 하며 주야로 그것을 묵상하여 그 안에 기록된 대로 다 지켜 행하라 그리하면 네 길이 평탄하게 될 것이며 네가 형통하리라

기억하기 매일 밥을 먹는 것처럼 하나님의 말씀을 먹어야 해요. 그릇에 맞는 색상대로 부록 스티커를 붙여 여호수아의 밥상을 완성하세요.

★ 아래의 말씀에 들어가야 하는 단어들을 여호수아의 밥상에서 찾아서 완성해 보세요 ★

이 (율법책)을 네 입에서 떠나지 말게 하며

(   ) 로 그것을 (   ) 하여 그 안에 기록된 대로 다 (   ) (   )

그리하면 네 길이 (   ) 하게 될 것이며 네가 (   ) 하리라

핵심문장 약속의 말씀을 읽고 묵상하고 실천해요.

실천하기

약속의 두루마리를 만들어 그 안에 글씨를 따라 쓰고, 성경 말씀을 얼마나 읽을 것인지 결심해 보세요. 그리고 옆 친구에게 서로의 결심을 이야기해 보세요.

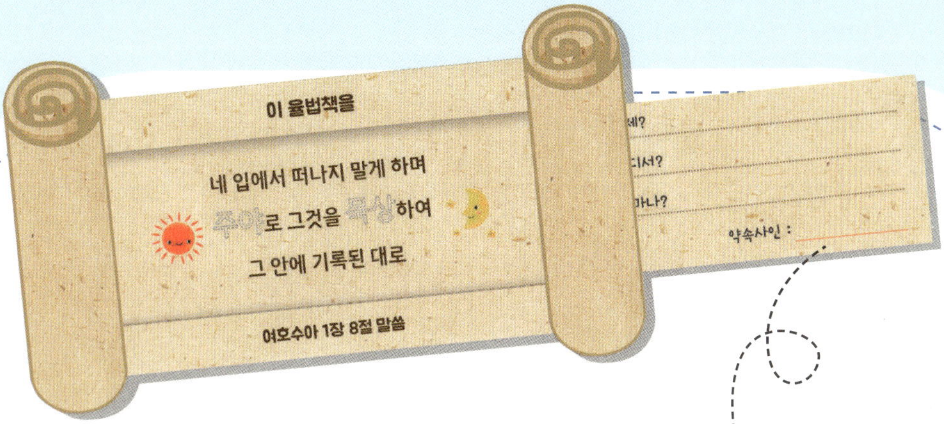

1. 부록에서 '약속의 두루마리 만들기'를 떼어내요.
2. 가장 큰 네모 모양의 가운데를 칼선을 따라서 뜯어요. 반으로 접어, 별 모양(★)과 나무 모양(♠)에 맞춰서 풀칠을 하고 붙여요.
3. 두루마리 모양의 뒷면에 풀칠을 해서 각각 다이아몬드 모양(◈)과 동그라미 모양(●)에 붙여요.
4. 말씀 중간에 따라 쓰기 글씨를 완성해요.
5. 실천에 언제, 어디서, 얼마나를 결심하여 적고, 약속 사인을 해요.
6. 약속의 두루마리를 완성하고, 친구에게 자신이 적은 실천 내용을 이야기해요.

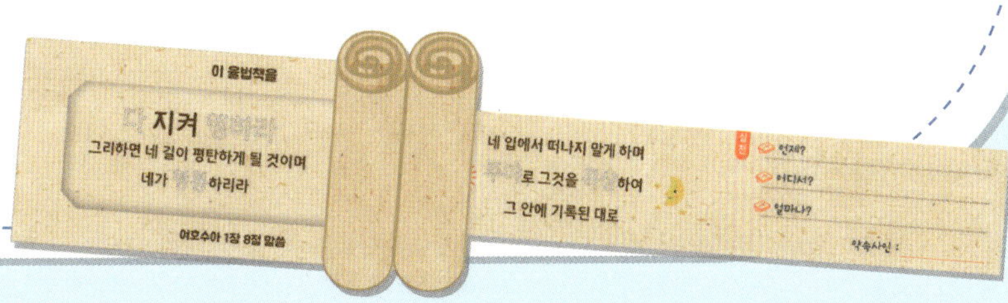

말씀을 읽자. 암송하자. 실천하자.

24과

여호수아 6장 2-7, 20-21절

우리는 무엇의 뒤를 따라가야 하나요?

외울말씀 | 여호수아 6장 7절
또 백성에게 이르되 나아가서 그 성을 돌되 무장한 자들이 여호와의 궤 앞에서 나아갈지니라 하니라

기억하기 초성과 힌트박스를 사용하여 여리고 정복 일지를 완성해 보세요.

여리고 정복 일지

계 획

1. 제사장은 [ㅇㅇㄱ]를 메어라.
2. 백성들은 언약궤 [ㄷ]를 따라가라.
3. [ㅇㄹㄱ] 성을 매일 한 번씩 육 일 동안 [ㄷㅇㄹ].
4. [ㅊ] 일에는 여리고 성을 일곱 바퀴 돌아라.
5. 마지막 날에는 [ㅈㅅㅈ] 들의 나팔 소리가 들리면 백성들은 [ㅋㅅㄹ] 로 외쳐라.

힌트

언약궤, 순종, 여리고, 돌아라, 칠, 말씀, 큰 소리, 제사장, 뒤

순 종

매일 하나님 [ㅁㅆ] 대로 [ㅅㅈ] 했다.

결 과

[ㅇㄹㄱ] 성이 무너졌다.

핵심문장 우리는 말씀의 뒤를 따라가요.

실천하기 나는 무엇을 따라가야 할까요? 사람들의 생각과 하나님의 생각은 달라요.
하나님의 말씀을 은박 스티커로 붙이고, 긁어서 찾아보세요.

사람의 생각	하나님의 생각
강력한 무기와 많은 군사로 여리고 성을 무너뜨릴 수 있다.	여호와께서 여호수아에게 이르시되 보라 내가 여리고와 그 왕과 용사들을 네 손에 넘겨 주었으니… 성 주위를 돌아라.
많이 가져야 복이다.	1 24과 부록 은박 스티커를 이곳에 붙인 후 은박을 긁어 보세요.
예배드릴 시간에 학원에 가서 공부하여 높은 성적을 받는 것이 지혜이다.	2 24과 부록 은박 스티커를 이곳에 붙인 후 은박을 긁어 보세요.
복수해라.	3 24과 부록 은박 스티커를 이곳에 붙인 후 은박을 긁어 보세요.
네가 잘해야 사랑받는다.	4 24과 부록 은박 스티커를 이곳에 붙인 후 은박을 긁어 보세요.

이번 주에 내가 따라가야 할 하나님 말씀을 선택하고, 실천해요.

내가 선택한 말씀 구절 ....

하나님 아버지,
사람들 생각을 따라가지 않겠습니다.
이번 주에 이 말씀을 따라 살 수 있도록
도와주세요. 예수님 이름으로 기도합니다.
아멘.

함께 외쳐요!

하나님보다 앞서지 말자. 말씀을 따라가자.

25과

여호수아 10장 12-15절

이웃과의 약속을 어떻게 해야 하나요?

외울말씀 | 여호수아 10장 14절

여호와께서 사람의 목소리를 들으신 이같은 날은 전에도 없었고 후에도 없었나니 이는 여호와께서 이스라엘을 위하여 싸우셨음이니라

기억하기

문장을 읽고 맞으면 O, 틀리면 그 부분을 고쳐서 O로 만들어 주세요.

무조건 O퀴즈 1

여리고 성읍 사람들은 이스라엘 백성을 속여 약속을 맺었어요. (여호수아 9장 15절) .... ☐

➡

무조건 O퀴즈 2

이스라엘 백성은 하나님의 이름으로 한 약속을 지키기 위해 아모리 연합군과 싸워야 했어요. (여호수아 10장 4절) .... ☐

➡

무조건 O퀴즈 3

하나님께서 바람과 비를 멈추셔서 이스라엘 백성이 기브온 족속과의 약속을 지킬 수 있도록 도와주셨어요. (여호수아 10장 13절) .... ☐

➡

핵심문장 이웃과의 약속을 소중하게 여기고, 지켜요.

실천하기 하나님께서 우리에게 약속을 지키신 것처럼 하나님의 백성인 우리도 이웃과 세운 약속을 잘 지켜야 해요. 내가 지켜야 할 약속을 약속 상자에서 찾아보세요.

약속 상자

부모님과의 약속

일찍 자요. 나쁜 말을 하지 않아요.
음식을 감사히 먹어요. 게임을 하지 않아요.

친구와의 약속

양보해요. 나눠 줘요. 친절해요.

교회 선생님과의 약속

교회에 도착해서 기도해요. 매일 기도해요.
예배 시간에 장난치지 않아요.

학교 선생님과의 약속

학교에서 즐겁게 공부해요. 숙제를 잘해요.

이번 한 주 약속을 잘 지켜요. 우리가 이 약속을 잘 지키도록 하나님이 도와주실 거예요.

함께 외쳐요!

약속을 소중히 여기자. 약속을 지키자.

26과

여호수아 14장 6-15절

우리는 끝까지 무엇을 선택해야 하나요?

외울말씀 | 여호수아 14장 12절

그 날에 여호와께서 말씀하신 이 산지를 지금 내게 주소서 당신도 그 날에 들으셨거니와 그 곳에는 아낙 사람이 있고 그 성읍들은 크고 견고할지라도 여호와께서 나와 함께 하시면 내가 여호와께서 말씀하신 대로 그들을 쫓아내리이다 하니

기억하기 아래의 내용은 갈렙에 대한 설명입니다. 빈칸에 들어갈 말을 <보기>에서 찾아 써보아요.

갈 렙

- 나는 바란광야 가데스에서 하나님이 □□하신 가나안 땅을 정탐하러 갔던 12명의 ◇◇◇중의 한 명이었어요.
- 10명의 정탐꾼들과 달리 나와 ○○○○는 "우리가 올라가서 그 ⬡을 취하자! 하나님께서 우리를 기뻐하시면 우리에게 그 땅을 주시리라!"고 말했어요.
- 나는 하나님께 □□하여 약속의 땅에 들어갔어요.
- 내 나이 ◇◇세에, 여호수아에게 하나님께서 약속하신 헤브론 산지를 기업으로 달라고 요청하였어요.
- 그곳은 거인 아낙 사람들이 살고 있는 크고 견고한 성이지만, 나는 끝까지 ○○○을 ⬡⬡하여 믿음으로 싸워서 그 성을 기업으로 얻었어요.

보기 85, 약속, 여호수아, 충성, 정탐꾼, 선택, 하나님, 땅

핵심문장 우리는 끝까지 하나님을 선택해요.

실천하기

다음과 같은 상황에서 나는 어떻게 선택할지 결정하고 행동해요.

주일이에요

집에서 푹 쉬고 놀아요.	하나님께 예배드리러 교회에 가요.

명절에 제사를 지내요

어른을 따라서 같이 절해요.	예수님을 믿어서 절하지 않는다고 예의 있게 말해요.

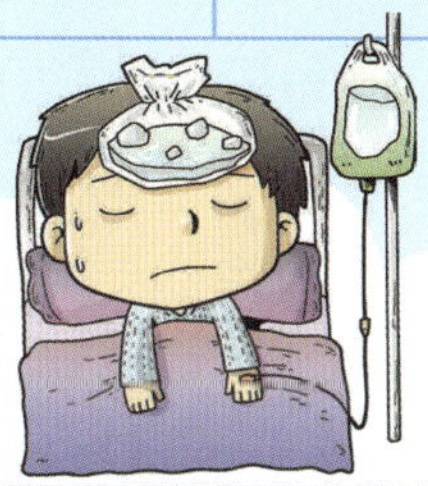

아프거나 사고가 났어요

하나님께 불평하고 교회를 멀리해요.	기도하고 하나님을 더욱 의지해요.

학교 급식 시간이에요

그냥 밥을 먹어요.	하나님께 감사기도 하고 식사해요.

칭찬과 상을 받았어요

사람들 앞에서 맘껏 뽐내요.	하나님께 영광과 감사를 드려요.

성경말씀을 외워요

어려운 것은 하고 싶지 않아요	어려워도 끝까지 말씀을 외워요.

26과 부록 은박 스티커를 이곳에 붙인 후, 은박을 긁어 보세요.

평생 하나님을 선택하자!

27과

사사기 2장 8-15절

무엇이 신앙의 실패인가요?

외울말씀 | 사사기 2장 10절

그 세대의 사람도 다 그 조상들에게로 돌아갔고 그 후에 일어난
다른 세대는 여호와를 알지 못하며 여호와께서 이스라엘을 위하여 행하신
일도 알지 못하였더라

기억하기 사사 시대의 특징을 나타내는 그림이에요. 알맞은 단어를 스티커로 붙여 보세요.

이스라엘 백성은 왜 신앙에서 실패한 다른 세대가 되었나요?
오늘 외울 말씀을 기억하며 하나님을 모르는 다른 세대의 두 가지 특징을 적어 보세요.

1. 여호와를 ㅇㅈ ㅁㅎㅁ

2. 여호와께서 이스라엘을 위하여 행하신 일도 ㅇㅈ ㅁㅎㅇ 더라

핵심문장 하나님을 알지 못하는 것이 신앙의 실패예요.

가정 복습활동을 하였나요? ☐

실천하기 다른 친구에게 하나님을 소개한다고 생각해 보세요. 나는 하나님을 어떤 분이라고 소개할 수 있을까요? 하나님 소개 카드를 완성하고, 친구들에게 이야기해 주세요.

하나님 소개 카드

1) 하나님은 ____________ 분이에요.

2) 하나님이 좋아하시는 것은 ____________________ 이에요.

3) 하나님이 싫어하시는 것은 ____________________ 이에요.

4) 하나님을 다섯 글자로 표현한다면? ___ ___ ___ ___ ___

친구들의 하나님 소개를 듣고 새롭게 알게 된 하나님에 대하여 적어 보세요.

하나님을 더 알아가자.

28과 우리는 무엇을 의지해야 하나요?

사사기 7장 1-8절

외울말씀 | 사사기 7장 2절

여호와께서 기드온에게 이르시되 너를 따르는 백성이 너무 많은즉 내가
그들의 손에 미디안 사람을 넘겨 주지 아니하리니 이는 이스라엘이 나를
거슬러 스스로 자랑하기를 내 손이 나를 구원하였다 할까 함이니라

기억하기 기드온의 이야기입니다. 성경 이야기의 순서대로 번호를 쓰고, 마지막 빈칸에 어떤 내용이 있어야 하는지 이야기해 보세요.

핵심문장 사람의 능력이 아닌 하나님의 능력만을 의지해요.

실천하기 내가 생각하는 나의 약점, 부족한 점은 무엇인가요? 하나님의 능력을 의지해 보세요. '='에 은박 스티커를 붙이고, 숨겨진 글씨를 찾아서 읽어 보세요.

나의 약점은

____

____

____

____

입니다.

+

하나님의 능력은
끝이 없는 무한대이다.

∞

=

28과 부록 은박 스티커를
이곳에 붙인 후
은박을 긁어 보세요.

하나님의 능력을 의지해서 나의 약점을 뛰어넘는 순간을 상상해 보세요.
그때의 마음을 표현해 보세요.

모든 영광을 하나님께 드립니다. 이 모든 것은 하나님이 하셨어요.

나는 ____

____ 감사합니다.

하나님이 하셨어요. 하나님만 높여요.

29과

사사기 16장 23-31절

하나님을 주인으로 고백할 때, 어떻게 되나요?

외울말씀 | 사사기 16장 28절 상반절

삼손이 여호와께 부르짖어 이르되 주 여호와여 구하옵나니 나를 생각하옵소서
하나님이여 구하옵나니 이번만 나를 강하게 하사

기억하기 배운 말씀을 떠올리며 빈칸에 들어갈 말을 맞혀 보아요.
문장과 이어진 선을 따라가세요. 같은 모양의 은박 모양 스티커를 붙이고, 숨겨진 정답을 찾아보세요.

핵심문장 놀라운 하나님의 일하심을 볼 수 있어요.

실천하기

삼손은 자신이 가진 힘의 주인이 하나님이신 것을 고백했어요.
삼손은 하나님께 도와달라고 기도했어요. 무너진 다곤 신전 팝업북을 완성하고,
우리도 하나님만이 우리가 가진 모든 것의 주인이라고 고백해요.

팝업북 뒷면

팝업북 접은 앞면

1. 부록에서 '무너진 다곤 신전 팝업북'을 모양대로 떼어내요.
2. 접는 선을 따라서 접어요.
3. 팝업북을 열어서 무너진 신전에서 삼손의 마음을 읽어요.
4. 뒷면에 있는 '나의 고백'의 빈칸에 적어요.
5. 나의 고백을 친구들 앞에서 읽어요.

팝업북 안쪽면

함께 외쳐요!

하나님이 나의 주인이시다.

30과

룻기 1장 16-18절

왜 룻은 나오미와 함께 갔나요?

외울말씀 | 룻기 1장 16절 하반절

어머니의 백성이 나의 백성이 되고 어머니의 하나님이 나의 하나님이 되시리니

기억하기 룻은 고생할 것을 알지만 나오미를 섬겼어요. 룻기 1장 16절 말씀을 읽으면서, 룻의 희생과 섬김에 관해 빈칸을 채워 보세요.

룻

1 어머니와 함께 함 룻기 1장 16절

어머니께서 가시는 곳에 나도 ☐☐ 어머니께서 머무시는 곳에 나도 ○○ 겠나이다.

2 국적을 바꿈

어머니의 백성이 나의 ◇◇이 되고

3 종교를 바꿈

어머니의 하나님이 나의 ⬡⬡⬡이 되시리니

하나님은 나오미를 위해 헌신한 룻이
다윗과 예수님의 조상이 되는 은혜를 베풀어 주셨어요.

☆단어풀이 : 헌신은 몸과 마음을 바쳐 모든 것을 드리며 섬긴다는 뜻이에요.

핵심문장 룻은 하나님이 주인이심을 믿고 나오미와 함께 갔어요.

실천하기 하나님이 나의 주인이심을 다른 사람에게 보여줘요.
이번 주 나의 나오미를 찾아서 어떻게 헌신하고 섬겨야 할지 결심해요.

나의 나오미
♥이렇게 섬길래요!♥

♥친구에게 나의 힘을 줘요♥

친구들 도와주기, 학용품 나눠 쓰기,
친구에게 용기 주기 등

나의친구 나오미

♥가족에게 나의 힘을 줘요♥

할머니를 위해 기도하기, 부모님 뜻에
순종하기, 부모님 응원하기 등

나의가족 나오미

함께 외쳐요!

다른 사람을 섬기자.

31과

사무엘상 1장 10-18절

어려움이 있을 때 무엇을 해야 할까요?

외울말씀 | 사무엘상 1장 15절

한나가 대답하여 이르되 내 주여 그렇지 아니하니이다 나는 마음이 슬픈 여자라 포도주나 독주를 마신 것이 아니요 여호와 앞에 내 심정을 통한 것뿐이오니

기억하기 외울 말씀을 다 함께 읽어 보세요. 한나가 여호와 앞에 심정을 통한다는 것은 어떤 의미일까요? 옳은 설명을 모두 고르세요.

1. 너무 슬퍼서 포도주를 먹고 하나님께 말하는 것이에요. ········ ☐
2. 하나님 앞에서 한나를 괴롭히는 브닌나와 싸우는 것이에요. ········ ☐
3. 하나님께 마음을 쏟으며 기도하는 것이에요. ········ ☐
4. 하나님께 자신의 마음을 숨김없이 말하는 것이에요. ········ ☐
5. 사람이 아니라 하나님 앞에 겸손히 나아가는 것이에요. ········ ☐

핵심문장 어려움이 있을 때 하나님께 기도해요.

실천하기

만약 나에게 어려움이 생긴다면 무엇을 할까요?
어려움이 있을 때, 하나님께 우리의 마음을 쏟으며 기도해요.
어려움이 있을 때마다 열어서 기도할 수 있는 기도손을 함께 만들어요.

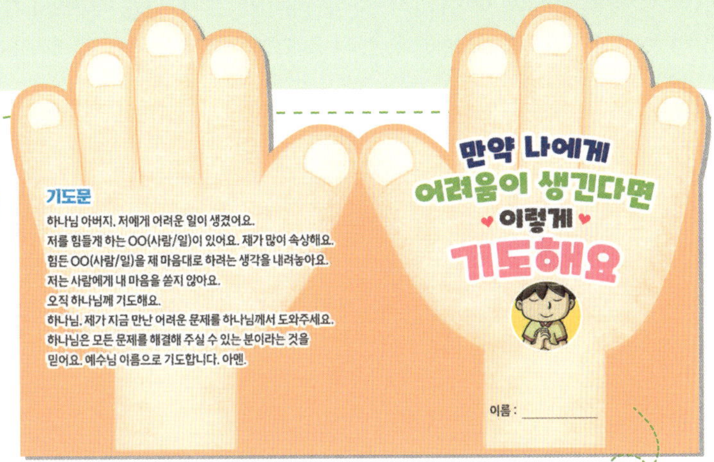

1. 부록에서 '기도손 만들기'를 떼어내요.
2. 자신의 이름을 적어요.
3. 나의 결심을 함께 읽어요.
4. 나의 결심에 '하나님, 마음, 기도' 단어를 따라 써요.
5. 기도손 안에 나에게 기도가 필요한 상황을 적어요.
6. 기도손 안의 기도문을 함께 읽어요.
7. 손을 접어서 기도손을 완성해요.

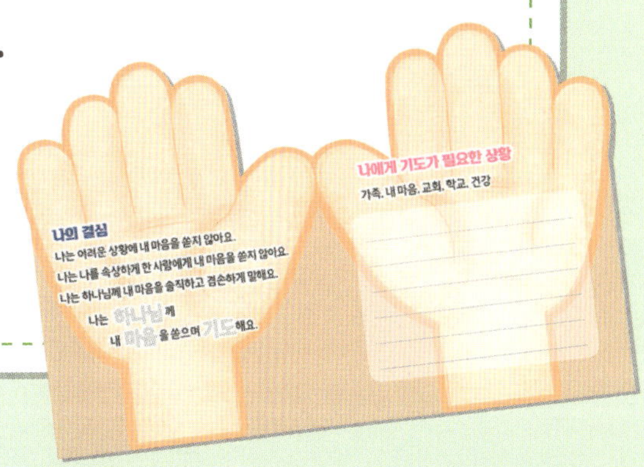

어려움이 있을 때 하나님께 기도하자.

32과

사무엘상 3장 1-9, 18절

사무엘은 하나님의 말씀을 듣고 어떻게 했나요?

외울말씀 | 사무엘상 3장 9절

엘리가 사무엘에게 이르되 가서 누웠다가 그가 너를 부르시거든 네가 말하기를 여호와여 말씀하옵소서 주의 종이 듣겠나이다 하라 하니 이에 사무엘이 가서 자기 처소에 누우니라

기억하기 사무엘은 하나님의 말씀을 듣고 엘리 제사장에게 그대로 전했어요. 사무엘이 엘리에게 전한 말씀이에요. QR코드로 듣고 빈 칸을 채워 보세요.

사무엘이 엘리에게 전한 말씀

그러므로 내가 □□ 의 집에 대하여 맹세하기를

엘리 집의 ○○ 은 제물로나 예물로나

⬡⬡⬡◇◇ 함을 받지 ○ 하리라 하였노라 하셨더라

(사무엘상 3장 14절)

핵심문장 하나님의 말씀을 듣고 그대로 전했어요.

실천하기 사무엘은 하나님의 말씀을 듣고 그대로 전했어요. 우리도 하나님의 말씀을 그대로 전해야 해요. 말씀 카드를 예쁘게 만들어서 사람들에게 하나님의 말씀을 전해요.

말씀 카드 앞면에는 하나님의 말씀이 있어요. 말씀 카드 뒷면의 은박 스티커를 긁으면 "하나님은 너를 사랑해라"는 메시지가 있어요.

1. 부록에서 '말씀 카드'를 떼어내요.
2. 말씀 카드의 말씀을 함께 읽어요.
3. 이 말씀 카드를 누구에게 줄지 적어요.
4. 말씀 카드 뒷면에 은박 스티커를 붙여요.
5. 말씀 카드를 전달해요.
6. 말씀 카드를 받은 사람에게 은박 스티커를 긁도록 말해요.

말씀을 듣고 그대로 전하자.

33과

사무엘상 7장 1-12절

우리의 마음이 어디를 향해야 하나요?

외울말씀 | 사무엘상 7장 2절

궤가 기럇여아림에 들어간 날부터 이십 년 동안 오래 있은지라 이스라엘 온 족속이 여호와를 사모하니라

기억하기 힌트를 사용하여 빈칸을 채워서 미스바 기도 사건 일지를 완성하세요.

미스바 기도 사건 일지

항목	힌트	사건 일지 내용
하나님을 향한 마음	사무엘상 7장 2절	_____년 동안 여호와를 사모함.
사무엘의 말	사무엘상 7장 3절	_______께 돌아오려면, 이방 신을 너희 중에서 제거하고, 너희 ______을 여호와께 향해라.
이스라엘 백성의 행동	사무엘상 7장 4절	이스라엘 자손이 바알들과 아스다롯을 _____하고 여호와만 섬김.
사무엘과 온 이스라엘이 모인 곳	사무엘상 7장 6절	________
모여서 한 일	사무엘상 7장 6절	그날 종일 ______함.
블레셋과의 전쟁 결과		하나님이 도와주셔서 승리. 에벤에셀

핵심문장 우리의 마음을 하나님께 돌리고 고정해요.

실천하기 우리의 마음을 하나님께 고정시키기 위해서 우리 반 미스바 기도회를 해요.
먼저 각자의 마음에 하나님 이외에 담겨져 있는 것을 버려야 해요.
버려야 할 것들을 아래에 적어 보세요.

나는 내 마음속에 있는 ______________________를 버려요.

아래의 순서대로 미스바 기도회를 해요.

1. 다 함께 9단원의 찬양을 불러요.
2. 내 마음속에 있는 버려야 할 것들을 버릴 수 있도록 기도해요.
3. 내 마음이 하나님으로만 가득 채워지도록 기도해요.
4. 다 함께 아래의 기도문을 읽어요.

하나님 아버지!
우리의 마음속에 하나님이 기뻐하지 않으시는 많은 것들이 있어요.
용서해 주세요.
이 모든 것을 지금 다 버리고, 오직 하나님으로 가득 채워요.
우리 반 모두의 마음이 하나님을 바라보도록 해주세요.
예수님의 이름으로 기도합니다. 아멘

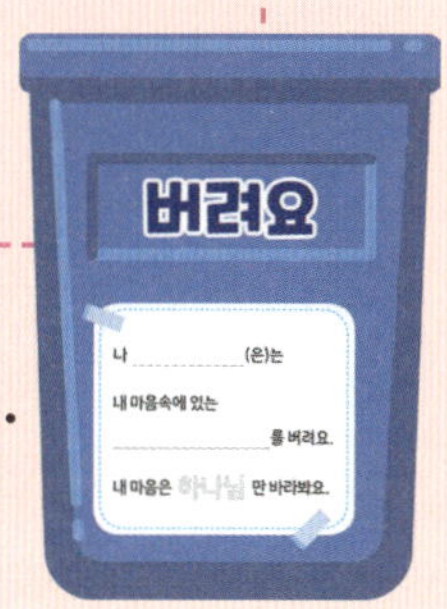

기도한 후에 부록에 있는 '버려요 카드'를 작성해서 벽에 붙여요.
우리 교회 미스바 기도회를 할 수 있어요.

마음을 하나님께 고정시켜요.

34과 어떻게 순종해야 하나요?

사무엘상 15장 10-23절

외울말씀 | 사무엘상 15장 22절 하반절
순종이 제사보다 낫고 듣는 것이 숫양의 기름보다 나으니

기억하기 문장을 읽고 맞으면 O, 틀리면 X로 표시해 주세요.

1. 하나님께서는 아멜렉과의 전쟁에서 모든 생명을 진멸하라고 하셨다. (   )
2. 사울은 하나님의 말씀을 그대로 순종하여 모든 생명을 진멸하였다. (   )
3. 하나님은 사울을 왕으로 세운 것을 후회하셨다. (   )
4. 하나님께서는 순종보다 제사를 더 좋아하신다. (   )

핵심문장 하나님 말씀에 그대로 순종해요.

가정 복습활동을 하였나요? ☐

실천하기 나의 순종에 대해서 팩트 체크를 해보세요.

번호	순종 내용(말씀구절)	팩트 체크 (○, △, ×)
1	매일 하나님의 말씀을 묵상해요. (시 1:2)	
2	언제나 하나님께 감사해요. (살전 5:18)	
3	부모님을 공경하고 잘 따라요. (출 20:12)	
4	친구들과 늘 화평하게 지내기 위해 노력해요. (마 5:9)	
5	거짓말을 하지 않아요. (출 20:6)	
6	친구의 것을 욕심내거나 몰래 훔치지 않아요. (출 20:17)	
7	믿음의 말을 해요. (민 13:30)	
8	하나님이 나를 사랑하신다는 것을 믿고 용기를 내요. (사 41:10)	
9	친구에게 예수님을 자랑해요. (고후 10:17)	
10	매일 기도해요. (살전 5:17)	

하나님의 말씀에 그대로 순종하지 않는 것은 무엇일까요?
번호를 적으세요. 앞으로는 어떻게 해야 할까요?

그대로 순종하지 않는 것 : ______________________

앞으로의 다짐 : ______________________

____

하나님 말씀에 그대로 순종하자.

35과

사무엘상 16장 1-13절

하나님은 무엇을 중요하게 보시나요?

외울말씀 | 사무엘상 16장 7절

여호와께서 사무엘에게 이르시되 그의 용모와 키를 보지 말라 내가 이미 그를 버렸노라 내가 보는 것은 사람과 같지 아니하니 사람은 외모를 보거니와 나 여호와는 중심을 보느니라 하시더라

기억하기 다윗을 소개하는 글을 읽고 하나님이 다윗에게서 보신 것을 적어보세요. 그림 속에 숨겨진 물건도 찾아보세요. (5개)

다윗을 소개합니다.

- 다윗의 아버지 : 이새
- 다윗의 형 : 7명
- 다윗의 외모 : 빛이 붉고, 눈이 빼어나고, 얼굴이 아름다움
- 하나님이 다윗에게서 보신 것 : ㅈ ㅅ

숨은그림 하트, 기름 뿔병, 막대기, 왕관, 거울

핵심문장 하나님은 사람의 마음을 중요하게 보세요.

실천하기 하나님이 중요하게 보시는 내 마음을 나도 중요하게 생각해요.
내 마음을 살펴보아요.

1. 부록에서 '마음을 찍는 카메라'를 떼어내요.
2. 마음 카드 앞면에 하나님이 기뻐하시지 않는 마음을 스티커로 붙여요.
3. 마음 카드 뒷면에 하나님이 기뻐하시는 마음을 스티커로 붙여요.
4. 지금 내 마음을 찍는다면 어떤 마음이 나오는지 서로 이야기해요.

나의 결심

하나님이 기뻐하시는 마음으로 살아요.

하나님은 마음을 보신다. 내 마음을 잘 살피자.

36과

사무엘상 17장 43-51절

다윗은 무엇을 의지하며 나아갔나요?

외울말씀 | 사무엘상 17장 45절

다윗이 블레셋 사람에게 이르되 너는 칼과 창과 단창으로 내게 나아 오거니와 나는 만군의 여호와의 이름 곧 네가 모욕하는 이스라엘 군대의 하나님의 이름으로 네게 나아가노라

기억하기 다윗과 골리앗은 서로 다른 것을 의지하고 전쟁에 나왔어요. 부록 스티커에서 다윗과 골리앗의 무기를 각각 찾아 붙여 주세요. 그리고 다윗의 말풍선의 빈칸을 채워 보세요.

핵심문장 여호와 하나님의 이름을 의지하며 나아갔어요.

실천하기 내가 가장 두려워하는 것이 무엇인가요? 아래 머릿속 그림에 적어 보세요.

우리는 어떤 상황에서도 하나님의 이름을 의지해야 해요. 부록 스티커를 붙여서 머릿속 그림을 완성해 보세요.

하나님의 이름을 의지하려면 어떻게 해야 할까요?
자기 생각을 이야기하고 실천하기로 해요.

두려운 상황에서 하나님을 의지하자.

37과

억울한 상황에서 어떻게 해야 할까요?

사무엘상 26장 7-12, 22-24절

외울말씀 | 사무엘상 26장 23절

여호와께서 사람에게 그의 공의와 신실을 따라 갚으시리니 이는 여호와께서 오늘 왕을 내 손에 넘기셨으되 나는 손을 들어 여호와의 기름 부음을 받은 자 치기를 원하지 아니하였음이니이다

기억하기

사울에게 쫓겨 다니던 다윗에게 복수할 기회가 찾아왔어요.
다윗은 어떻게 했나요?

- 비밀번호 첫 번째 ······ 사울의 진영에 몰래 온 사람 수 ······
- 비밀번호 두 번째 ······ 하나님은 사람을 몇 번째 날에 창조하셨나요? ······
- 비밀번호 세 번째 ······ 텐트 안에서 다윗이 가져간 물건은 몇 개? ······
- 비밀번호 네 번째 ······ 다윗과 함께 온 부하의 이름은 몇 글자? ······

정답 : ☐☐☐☐

핵심문장 하나님의 일하심을 기다려요.

실천하기

다윗은 사울에게 복수하지 않고 하나님의 일하심을 기다렸어요.
우리도 하나님의 일하심을 기다려야 해요.
아래와 같은 상황이 있었나요? 언제였나요?

위의 상황에서 '멈춰!' 손가락을 혼자서 연습해 보세요.

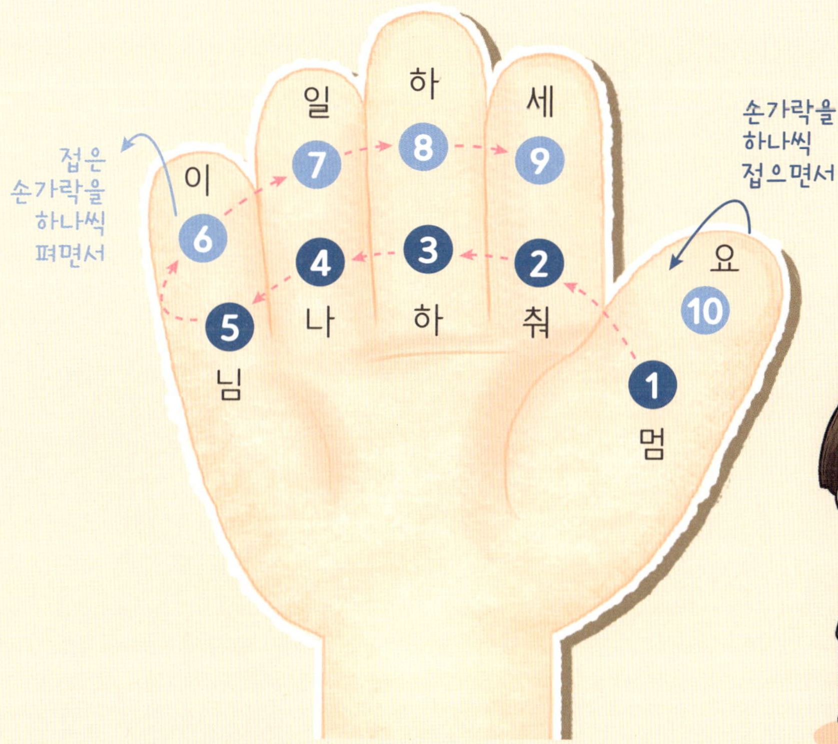

하나님의 일하심을 기다리자.

38과

사무엘하 7장 1-2, 8-16절

하나님은 다윗의 집에 무엇을 주셨나요?

외울말씀 | 사무엘하 7장 16절

네 집과 네 나라가 내 앞에서 영원히 보전되고 네 왕위가 영원히 견고하리라 하셨다 하라

기억하기 하나님은 다윗에게 약속을 주셨어요.
어떤 약속인지 빈칸에 들어갈 말을 선택 스티커를 붙여서 완성해 보세요.

① 우리가 실수해도 (   ) 약속이에요.

② (   ) 약속이에요.

③ (   )이 계속 되는 약속이에요.

④ (   ) 약속이에요.

은박 스티커를 붙이고 긁어 보세요.

영원한 왕권은 [은박 스티커를 붙여 주세요.] 으로 완성되었어요.

핵심문장 다윗의 집에 영원한 약속을 주셨어요.

실천하기 하나님은 나에게도 영원한 약속을 주셨어요. 나에게 주신 약속을 아래의 단어를 사용해서 문장으로 만들어 보세요.

[단어] 구원, 인도, 돌보심, 함께하심

예) 하나님은 나를 구원해 주셨어요.
하나님은 내가 천국 갈 때까지 나를 인도해 주세요.
하나님은 나의 아버지셔서 나를 돌봐주세요.
하나님은 나와 함께하세요.

➡

영원한 약속을 주신 하나님께 감사와 사랑을 표현해 보세요.

하트 안에 글씨를 쓰거나 그림 그리기

하나님 사랑하는 마음을 표현하자.

39과 하나님의 은총을 받은 사람은 어떻게 살아야 하나요?

사무엘하 9장 1-13절

외울말씀 | 사무엘하 9장 7절 상반절

다윗이 그에게 이르되 무서워하지 말라 내가 반드시 네 아버지 요나단으로 말미암아 네게 은총을 베풀리라

기억하기

그림에 해당하는 사람을 보기에서 찾아 이름을 써보세요.

하나님의 은총으로 □□의 왕의 자리와 나라가 견고했어요.

□□은 친구 ○○○과의 약속을 지키고 싶었어요.

다윗은 ○○○의 아들 ◇◇◇◇을 찾았어요.
그는 두 발이 불편한 장애인이었어요.

다윗은 ◇◇◇◇에게 할아버지 사울 왕이 가지고 있던 땅과 재산을 주었어요. 왕의 식탁에서 함께 식사하도록 하였어요.

보기 사무엘, 다윗, 시바, 솔로몬, 이스보셋, 므비보셋, 요나단, 미가

☆단어풀이 : 은총 : 은총(헤세드)은 자격이 없는 자에게 하나님이 값없이 베풀어 주시는 선물을 의미합니다. 사랑과 비슷한 말입니다.

핵심문장 다른 사람에게 은총을 베풀며 살아요.

실천하기 친구나 가족, 이웃에게 베풀 수 있는 사랑과 친절을 세 가지 선택하여 색칠해요. 그리고 한 주간 내가 받은 은총을 다른 사람에게 베풀어요.

먹을 것에 욕심 부리지 않고 나누어 먹기	"네가 있어서 행복해!" 칭찬하는 말하기	잘못한 것 너그럽게 용서해 주기	나눔의 헌금 드리기
아픈 친구, 가족을 위해 기도하기	형제에게 장난감 양보하기	상대방의 말을 끝까지 들어주고 긍정해 주기	택배 아저씨에게 감사 인사하기
친구의 부탁을 거절하지 않고 도와주기	혼자 있는 친구와 함께 놀기	부모님의 집안일 도와드리기	남들이 하기 싫어하는 일 내가 먼저 하기
할아버지, 할머니께 안부전화 드리기	만나는 사람에게 내가 먼저 인사하기	식사 후에 감사 인사하기	꼭 안아주고 사랑한다고 말하기

나는 은총을 받았다. 이제 은총을 베풀자!

40과

사무엘하 12장 7-14절

누가 죄를 인정하고 돌아서나요?

외울말씀 | 사무엘하 12장 13절

다윗이 나단에게 이르되 내가 여호와께 죄를 범하였노라 하매 나단이 다윗에게 말하되 여호와께서도 당신의 죄를 사하셨나니 당신이 죽지 아니하려니와

기억하기 다윗이 어떻게 행동했는지 빈칸에 적어 보고 이야기해 보세요.

1 네가 여호와의 말씀을 □□ 여기고 악을 행하였도다.

2 내가 ○○○께 죄를 범하였노라.

3 그러나 여호와께서도 당신의 ◇를 사하셨도다.

다윗 왕은 나단 선지자의 말씀을 듣고 ________ 했어요.

☆단어풀이 : 회개는 하나님의 은혜로 죄를 깨달아 뉘우치고 죄에서 돌이키는 것입니다.

핵심문장 하나님의 은총을 받은 사람은 죄를 인정하고 돌아서요.

실천하기 하나님은 우리가 죄를 인정하고 돌아설 때 용서해 주세요. 예수님을 통해 우리 죄를 용서해 주시는 하나님의 사랑을 생각하며 십자가 위에 자신의 죄를 회개하는 기도를 적어 보세요.

내가 하나님께 숨기고 있는 죄는 무엇인가요?

아직 회개하지 않고 계속 반복하는 죄는 무엇인가요?

손을 모으고 함께 기도해요

하나님, 하나님 앞에 지은 죄를 용서해 주세요.
제가 죄를 버리고, 하나님을 더욱 사랑하게 해주세요.

용서해 주시는 하나님을 믿자! 죄를 회개하자!

41과 어떤 마음으로 하나님께 드려야 하나요?

역대상 29장 1-9절

외울말씀 | 역대상 29장 14절 하반절

모든 것이 주께로 말미암았사오니 우리가 주의 손에서 받은 것으로 주께 드렸을 뿐이니이다

기억하기 두 개의 그림을 보고 서로 다른 부분을 찾아 동그라미로 표시해 보세요.

☆단어풀이 : 자원하는 마음은 기꺼이 나서는 마음, 기꺼이 드리는 마음, 자발적인 마음이에요.

핵심문장 자원하는 마음으로 하나님께 기쁘게 드려요!

실천하기 내가 받은 모든 것은 하나님께로부터 받은 것이에요.
하나님께 무엇을 드리고 싶나요? 하나님께 받은 것을 어디에, 어떻게 드리고 싶은지 '드려요 카드'에 적어 보세요.

1. 하나님께 내가 받은 것을 선물 상자 안에서 찾아요.
2. 부록에서 '드려요 카드'를 떼어내요.
3. 하나님께 받은 것을 어디에 또는 어떻게 드리고 싶은지 적어요.
4. 여러 개의 카드를 완성해요.
5. 자신이 완성한 카드를 발표해요.

'드려요 카드'를 벽에 붙여요.

하나님께 나를 드리자! 기쁜 마음으로 하나님께 드리자!

42과

시편 23편 1-6절

누가 우리의 목자일까요?

외울말씀 | 시편 23편 1절

여호와는 나의 목자시니 내게 부족함이 없으리로다

기억하기 다윗이 하나님과 함께한 동행일기입니다. 고백 스티커를 붙여서 완성해 보세요.

○월 ○일

- 장소 : 풀밭
- 무엇으로 : 푸른 풀
- 다윗의 고백 :

△월 △일

- 장소 : 물가
- 무엇으로 : 쉼, 물
- 다윗의 고백 :

□월 □일

- 장소 : 사망의 음침한 골짜기
- 무엇으로 : 지팡이, 막대기
- 다윗의 고백 :

핵심문장 하나님이 우리의 목자세요.

실천하기 우리의 목자이신 하나님의 인도를 따라 함께 가면 힘든 길도 지나갈 수 있어요. 막힌 부분에서 목자 스티커를 붙여 미로를 풀어 보세요.

하나님과의 동행일기를 적어 보세요.

하나님이 나와 함께하셔서 나는 부족함이 없어요.

함께 외쳐요!

나의 삶에 부족함이 없다.

43과

시편 133편 1-3절

함께 모여 무엇을 할까요?

외울말씀 | 시편 133편 1절

보라 형제가 연합하여 동거함이 어찌 그리 선하고 아름다운고

기억하기 이스라엘 백성들이 어디에서 언제, 어떻게 하나님을 예배했는지 미로를 따라가며 이야기해 보세요.

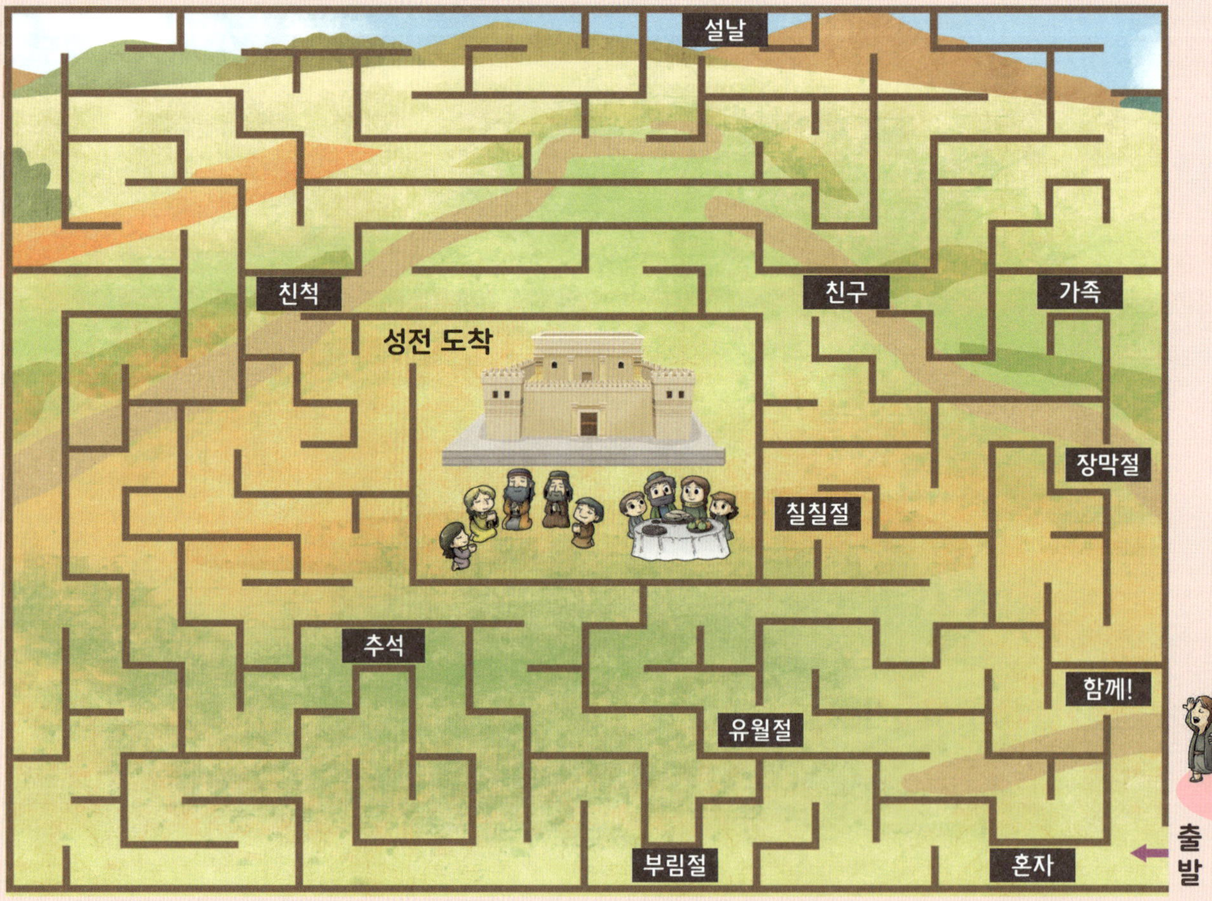

핵심문장 함께 모여 하나님을 찬양하고 예배해요.

실천하기 '함께' 정한 '시간'과 '장소'에서 예배를 드리고 하나님을 찬양해요.

진행 1

우리는 언제 예배를 드려야 할까요?
우리는 하나님 중심의 예배를 드려야 해요. 내 마음대로 예배의 시간과 장소를 정하는 것이 아니라 'OO교회 유년부 예배 시간'에 하나님을 예배하기 위해 모여요.

진행 2

우리는 누구와 예배를 드려야 할까요?

함께 하나님을 예배해야 해요.

진행 3

함께 하나님을 찬양해요.
아래 단어와 어울리는 동작을 생각해 보세요. 요절 챈트에 맞춰서 반 율동을 함께 만들어요.

보라 | 형제가 | 연합하여 | 동거함이 | 어찌 | 그리 | 선하고 | 아름다운고

함께 모여 예배하자.

44과

잠언 9장 1-10, 13-17절

참된 지혜는 무엇일까요?

외울말씀 | 잠언 9장 10절

여호와를 경외하는 것이 지혜의 근본이요 거룩하신 자를 아는 것이 명철이니라

기억하기

파티 초대장 두 개가 도착했어요! 그런데 누가 보낸 초대장인지 암호를 풀어야 알 수 있어요. 아래 암호해독표를 보고 암호를 풀어 보세요.
여러분은 둘 중 어떤 초대에 가고 싶나요?

♥초대합니다♥

- 장소 : ☐☐함의 집 (♥5 ♬2@)
- 음식 : 도둑질한 물, 몰래 먹는 떡
- 상품 : 어리석음, 영원한 ☐☐ (Σ3♠ ∬4♥)

♥초대합니다♥

- 장소 : ☐☐의 집 (Σ5 ♧7)
- 음식 : 지혜가 준비한 음식
- 상품 : 명철, 영원한 ☐☐ (★6∬ ♥2∬)

〈암호해독표〉

♠	@	♬	♥	★	∬	Σ	♧
ㄱ	ㄴ	ㄹ	ㅁ	ㅅ	ㅇ	ㅈ	ㅎ

1	2	3	4	5	6	7	8
ㅏ	ㅕ	ㅜ	ㅡ	ㅣ	ㅐ	ㅔ	ㅗ

★단어풀이 : 경외란 두렵고 떨림으로 하나님을 섬기는 것이에요. 하나님을 사랑하고 두려워하는 것, 하나님을 존중하는 것이에요. 근본은 출발점, 시작을 의미해요.

핵심문장 참된 지혜는 하나님을 경외하는 것이에요.

실천하기 참된 지혜는 하나님을 경외하는 것이에요. 하나님을 경외하는 삶은 늘 하나님이 앞에 계신다고 생각하는 것이에요. 지혜 주사위를 만들어보고, 주사위에 나온 상황 속에서 지혜로운 모습을 생각해 보세요.

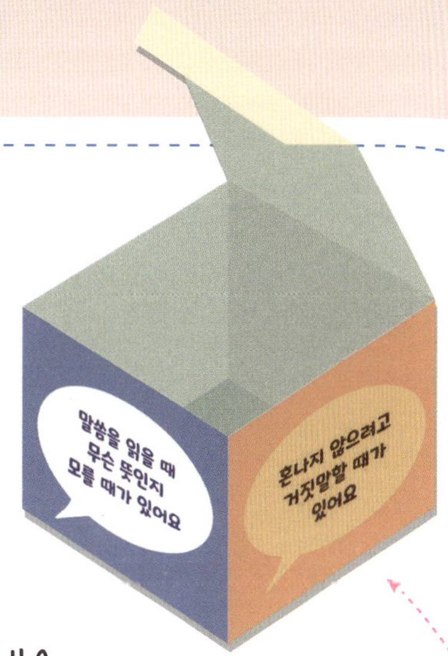

상황에 맞는 경외 스티커 붙이기

1. 부록에서 '지혜 주사위'를 떼어내요.
2. 풀칠하여 지혜 주사위를 완성해요.
3. 짝을 정해서 주사위를 던져 보아요.
4. 윗면에 나온 상황에 맞게 지혜로운 모습을 이야기해 보세요.
5. 부록에서 상황에 맞는 경외 스티커를 붙여 완성해요.

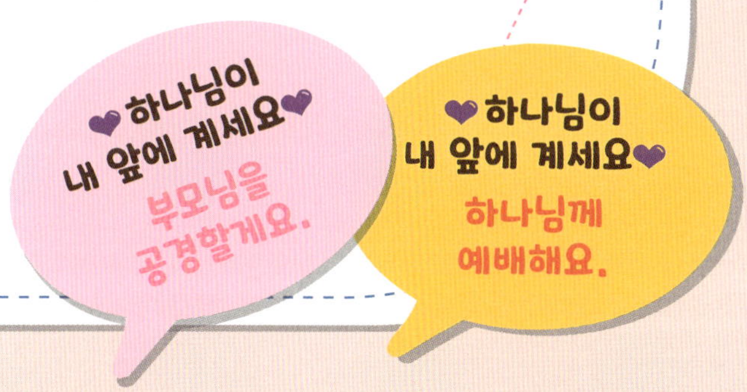

함께 외쳐요!

하나님을 경외하자!

전도선교
주일

요나 4장 1-11절

전도는 어떤 마음으로 해야 하나요?

외울말씀 | 요나 4장 11절

하물며 이 큰 성읍 니느웨에는 좌우를 분변하지 못하는 자가 십이만여 명이요 가축도 많이 있나니 내가 어찌 아끼지 아니하겠느냐 하시니라

기억하기 하나님께서 요나를 위해 준비하신 것들을 찾아서 표 안에 색칠해 보세요.

베	성	전	풀	양	동
옷	육	지	열	배	풍
달	폭	풍	매	그	물
박	재	짐	물	고	기
소	넝	승	제	왕	바
벌	레	쿨	비	해	다

하나님이 요나를 위해 준비하신 것들

➡ 폭풍, 물고기, 박넝쿨, 벌레, 동풍, 해

핵심문장 사람들을 아끼시는 하나님의 마음으로 전도해요.

실천하기

전도하고 싶은 친구에게 편지를 써서 전해 주어요.

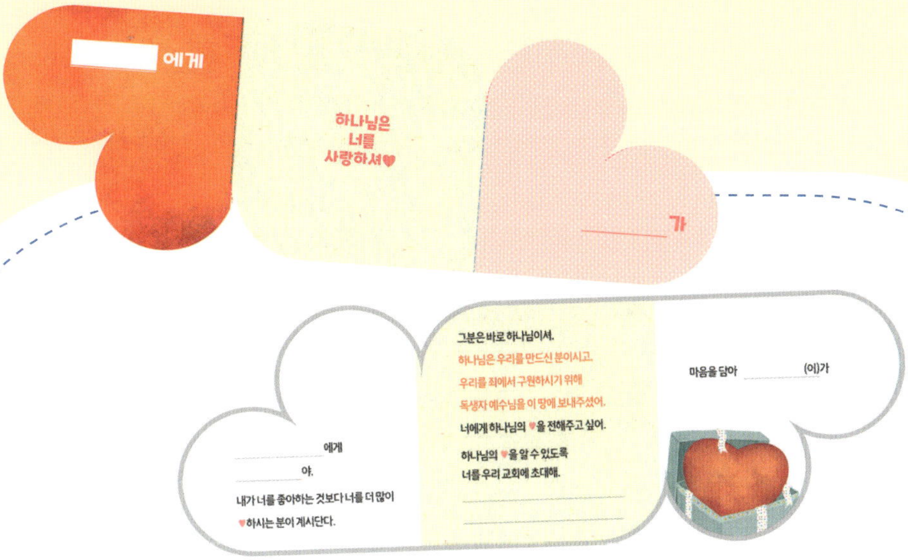

1. 부록에서 '전도 편지지'를 떼어내요.
2. 왼쪽에 편지를 받을 친구의 이름을 적어요.
3. 오른쪽에 자기의 이름을 적어요.
4. 전도 편지지의 내용을 함께 읽어요.
5. 마지막 줄에 친구에게 하고 싶은 말을 더 적어요.
6. 전도 편지지를 접어서 완성해요.
7. 전도 편지를 받을 친구를 위해서 기도해요.

하나님의 사랑을 전하자!

이단경계 주일

예레미야 28장 1-4, 12-17절

거짓을 전하는 이단을 어떻게 해야 하나요?

외울말씀 | 예레미야 28장 15절 하반절

하나냐여 들으라 여호와께서 너를 보내지 아니하셨거늘 네가 이 백성에게 거짓을 믿게 하는도다

기억하기 다음을 읽고 참 선지자 예레미야와 거짓 선지자 하나냐 중 누구의 말과 행동인지 스티커를 붙여 보세요.

★ "하나님께서 바벨론 왕의 멍에를 유다 백성에게 지우셨다." .... [ ]

★ "하나님께서 바벨론 왕의 멍에를 꺾어 버리셨다." .... [ ]

★ "하나님께서 2년 안에 바벨론으로 붙잡혀 간 백성들을 다시 되돌아오게 하실 것이다." .... [ ]

★ 나무 멍에를 꺾어 버렸다. .... [ ]

★ "하나님께서 네가 꺾은 나무 멍에들 대신에 쇠 멍에들을 만드셨다." .... [ ]

★ "하나님께서 너를 보내지 않으셨는데, 너는 백성들에게 거짓말을 믿도록 말한다." .... [ ]

★ 결국 누구의 말대로 되었습니까? 누가 참 하나님의 선지자였습니까?

____

☆단어풀이 : 멍에는 황소의 목에다 가죽 끈으로 매단 나무막대기예요. 가축을 길들이기 위해 동물에게 멍에를 메우듯이, 바벨론이 유다를 포함한 주변의 나라들을 지배하게 될 것을 나타내요.

핵심문장 거짓을 전하는 이단을 조심해요.

실천하기 거짓 믿음을 가르치는 이단과 올바른 믿음을 구별해요.
올바른 믿음과 이단의 가르침을 구별하여 상자 안에 번호를 넣어 보세요.

사도신경

① 하나님이 천지를 만드셨다. – (　　　)

② 외아들 예수님은 성령으로 잉태되어 태어나시고, 십자가에서 죽으시고 부활하셨다. – (　　　)

③ 예수님은 하나님 우편에 계시고, 심판하러 다시 오신다. – (　　　)

④ 성령을 믿는다. – (　　　)

☆단어풀이 : 이단은 다른 종교가 아니라, 겉모습은 교회와 비슷하지만 성경이 가르치는 복음 외에 거짓된 가르침을 전하여 올바른 믿음을 파괴시키는 사람이나 단체입니다.

이단을 조심해요. 구원파, 신천지, 하나님의 교회, 안식교, 통일교

이단을 조심하자.

추수감사 주일

신명기 16장 13-17절

어떻게 하나님께 감사해야 할까요?

외울말씀 | 신명기 16장 15절 하반절

네 하나님 여호와께서 네 모든 소출과 네 손으로 행한 모든 일에 복 주실 것이니
너는 온전히 즐거워할지니라

기억하기 하나님과 함께한 시간을 담은 이스라엘 백성의 소중한 사진첩이에요.
부록 스티커를 붙여 사진첩을 완성해 주세요.

핵심문장 하나님이 모든 것에 복 주신 것을 기억하고 감사해요.

실천하기 하나님께서 한 해 동안 돌봐주신 일을 기념하는 감사 가랜드를 만들어요.
감사 가랜드를 보며 날마다 하나님의 은혜를 기억하고 감사해요.

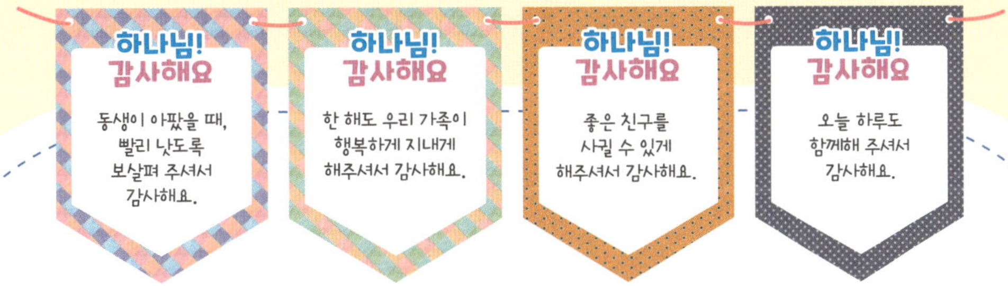

하나님께 감사한 일들을 그림이나 글로 표현해요.

1. 부록에서 '감사 가랜드'를 떼어내주세요.
2. 가랜드 안에 한 해 동안 하나님께 감사한 일들을 그림이나 글로 표현해요.
3. 가랜드를 끈으로 연결하거나 테이프로 나란히 붙여 가랜드를 완성해요.
4. 각자의 감사 가랜드를 연결해서 벽에 붙여요. 우리 부서의 감사 가랜드를 만들어요.

하나님께 감사하자! 하나님께 받은 은혜를 나누자!

성탄주일

미가 5장 2-4절

누가 베들레헴에서 태어나셨나요?

외울말씀 | 미가 5장 2절

베들레헴 에브라다야 너는 유다 족속 중에 작을지라도 이스라엘을 다스릴 자가 네게서 내게로 나올 것이라 그의 근본은 상고에, 영원에 있느니라

기억하기

예수님이 태어나신 곳을 찾아가 보도록 해요.

1. 내비게이션에 주소를 적어 보세요.
   주소는 성경책 이름과 장, 절을 입력해야 합니다.

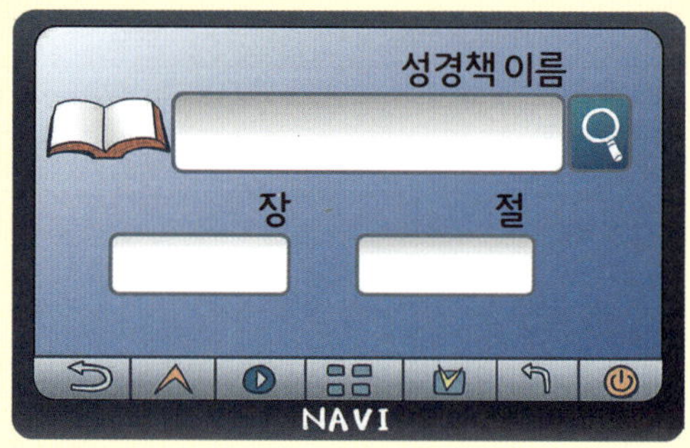

2. 예수님이 태어나신 동네 이름을 팻말에 적어 보세요.

3. 예수님이 태어나신 곳을 장소 스티커로 붙여 보세요.

성탄주일 부록 스티커 중
알맞은 장소를 찾아
이곳에 스티커를 붙여 주세요.

핵심문장 선지자의 예언대로 예수님이 베들레헴에서 태어나셨어요.

실천하기 베들레헴 작은 마을에 오신 아기 예수님을 전하기 위한 크리스마스 선물 상자를 만들어보세요.

①, ②를 상자 안쪽으로 접고,
하트 모양을 ③, ④의 홈에 끼워 넣어
상자를 접은 후 하트 모양을 완성해요.

부록 스티커를 떼어
상자 겉면에 붙여서
완성해요.

1. 부록에서 '크리스마스 선물 상자 만들기'를 떼어내요.
2. 예수님의 사랑을 전하고 싶은 친구의 이름을 적으세요.
3. 예수님의 사랑을 전하고 싶은 친구에게 편지를 써요.
4. 접는 선을 따라서 접고, 안에 작은 선물을 넣어요.
5. 상자 위의 하트 모양을 잡고, 종이를 끼워서 상자를 완성해요.
6. 상자 겉면에 스티커를 붙여서 완성해요.
7. 완성된 크리스마스 선물 상자를 친구에게 선물로 주면서, 성탄절이 아기 예수님이 오신 날인 것을 알려주어요.

낮은 모습으로 오신 예수님을 기억하자. 성탄을 전하자.

"선생님이 확인해 주는"

미션북 체크리스트

단원				
7단원	23과	24과	25과	26과
8단원	27과	28과	29과	30과
9단원	31과	32과	33과	34과
10단원	35과	36과	37과	38과
11단원	39과	40과	41과	
12단원	42과	43과	44과	
특별	전도선교 주일	이단경계 주일	추수감사 주일	성탄 주일

참 잘했어요~!

붙이는 곳

네 입에서 떠나지 말게 하며
주야로 그것을 묵상하여
그 안에 기록된 대로

실천

언제?

어디서?

얼마나?

약속사인 :

이 율법책을

붙이는 곳

여호수아 1장 8절 말씀

풀칠

붙이는 곳

다 **지켜** 행하라

그리하면 네 길이 평탄하게 될 것이며

네가 형통하리라

풀칠

붙이는 곳

풀칠

풀칠

29과

하나님을 주인으로 고백할 때, 어떻게 되나요?

무너진 다곤 신전 팝업북 만들기

하나님이 나의 힘의 주인이세요.
하나님이 나의 인생의 주인이세요.
하나님이 이스라엘의 주인이세요.
하나님, 도와주세요!

만약 나에게 어려움이 생긴다면 이렇게 기도해요

이름 : ____________

기도문

하나님 아버지, 저에게 어려운 일이 생겼어요.
저를 힘들게 하는 OO(사람/일)이 있어요. 제가 많이 속상해요.
힘든 OO(사람/일)을 제 마음대로 하려는 생각을 내려놓아요.
저는 사람에게 내 마음을 쏟지 않아요.
오직 하나님께 기도해요.
하나님, 제가 지금 만난 어려운 문제를 하나님께서 도와주세요.
하나님은 모든 문제를 해결해 주실 수 있는 분이라는 것을
믿어요. 예수님 이름으로 기도합니다. 아멘.

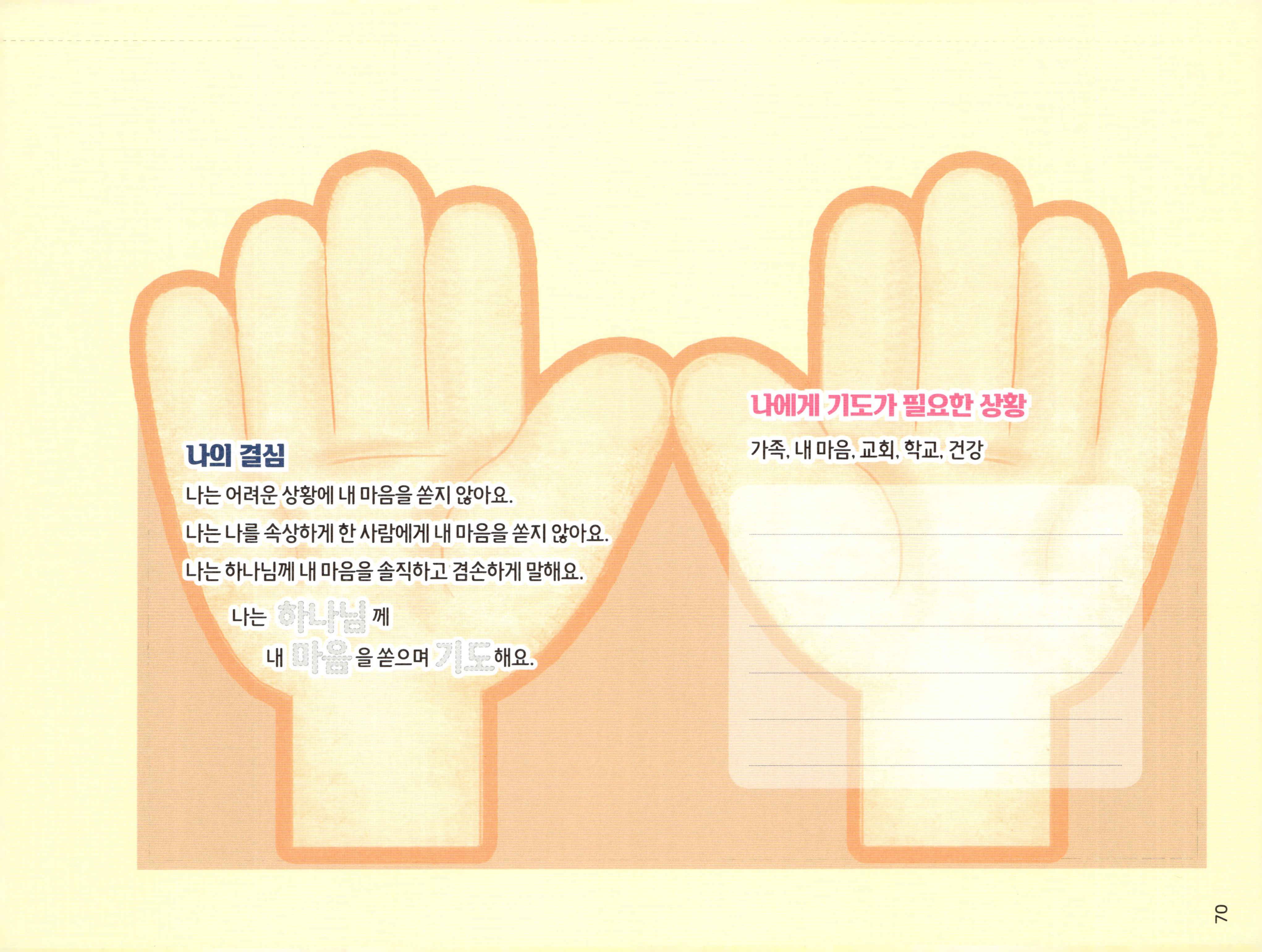

나의 결심

나는 어려운 상황에 내 마음을 쏟지 않아요.

나는 나를 속상하게 한 사람에게 내 마음을 쏟지 않아요.

나는 하나님께 내 마음을 솔직하고 겸손하게 말해요.

나는 하나님 께
내 마음 을 쏟으며 기도 해요.

나에게 기도가 필요한 상황

가족, 내 마음, 교회, 학교, 건강

사무엘은 하나님의 말씀을 듣고 어떻게 했나요?

말씀 카드 만들기

에게

하나님의 말씀 사도행전 16장 31절

이르되 주 예수를 믿으라
그리하면 너와 네 집이
구원을 받으리라 하고

에게

하나님의 말씀 사도행전 20장 35절 하반절

또 주 예수께서 친히 말씀하신 바,
주는 것이 받는 것보다
복이 있다 하심을
기억하여야 할지니라

에게

하나님의 말씀 골로새서 3장 20절

자녀들아 모든 일에
부모에게 순종하라
이는 주 안에서
기쁘게 하는 것이니라

에게

하나님의 말씀 요한복음 13장 34절

새 계명을 너희에게 주노니
서로 사랑하라
내가 너희를 사랑한 것 같이
너희도 서로 사랑하라

버려요

나 ____________(은)는

내 마음속에 있는

________________를 버려요.

내 마음은 하나님 만 바라봐요.

마음 카드

♠붙이는 곳
★붙이는 곳
★풀칠
♠풀칠

하나님이
기뻐하시는
마음♥

41과 어떤 마음으로 하나님께 드려야 하나요?
드려요 카드

하나님께 내가 받은 것?

믿음, 사랑, 친절, 지혜, 시간,
목소리, 악기, 그림 실력,
운동감각, 용돈, 용기, 꼼꼼함,
열정, 웃음, 호기심,
(　　　　), (　　　　)

하나님께 내가 받은 것?

믿음, 사랑, 친절, 지혜, 시간,
목소리, 악기, 그림 실력,
운동감각, 용돈, 용기, 꼼꼼함,
열정, 웃음, 호기심,
(　　　　), (　　　　)

하나님께 내가 받은 것?

믿음, 사랑, 친절, 지혜, 시간,
목소리, 악기, 그림 실력,
운동감각, 용돈, 용기, 꼼꼼함,
열정, 웃음, 호기심,
(　　　　), (　　　　)

하나님께 내가 받은 것?

믿음, 사랑, 친절, 지혜, 시간,
목소리, 악기, 그림 실력,
운동감각, 용돈, 용기, 꼼꼼함,
열정, 웃음, 호기심,
(　　　　), (　　　　)

무엇을?

❤나의(   )을/를

어디에, 어떻게?

____

____________________ 드릴래요.

하나님께
나를 드려요!❤

무엇을?

❤나의(   )을/를

어디에, 어떻게?

____

____________________ 드릴래요.

하나님께
나를 드려요!❤

무엇을?

❤나의(   )을/를

어디에, 어떻게?

____

____________________ 드릴래요.

하나님께
나를 드려요!❤

무엇을?

❤나의(   )을/를

어디에, 어떻게?

____

____________________ 드릴래요.

하나님께
나를 드려요!❤

친구랑 사소한 일로 다퉜어요
말씀을 읽을 때 무슨 뜻인지 모를 때가 있어요
부모님께 말할때 짜증을 부려요
예배 시간에 집중 못해요
혼나지 않으려고 거짓말할 때가 있어요
내 마음대로 하고 싶어요
★풀칠
♠풀칠
◆풀칠
♥풀칠
●풀칠
♣풀칠
▼풀칠

▲붙이는 곳

♠붙이는 곳

★붙이는 곳

♣붙이는 곳

●붙이는 곳

♥붙이는 곳

◈붙이는 곳

이단경계 주일

거짓을 전하는 이단을 어떻게 해야 하나요?

전도 편지지

_______________에게

_______________야.

내가 너를 좋아하는 것보다 너를 더 많이

♥하시는 분이 계시단다.

그분은 바로 하나님이셔.

하나님은 우리를 만드신 분이시고,

우리를 죄에서 구원하시기 위해

독생자 예수님을 이 땅에 보내주셨어.

너에게 하나님의 ♥을 전해주고 싶어.

하나님의 ♥을 알 수 있도록

너를 우리 교회에 초대해.

____

____

마음을 담아 _______________(이)가

하나님!
감사해요

하나님!
감사해요

하나님!
감사해요

하나님!
감사해요

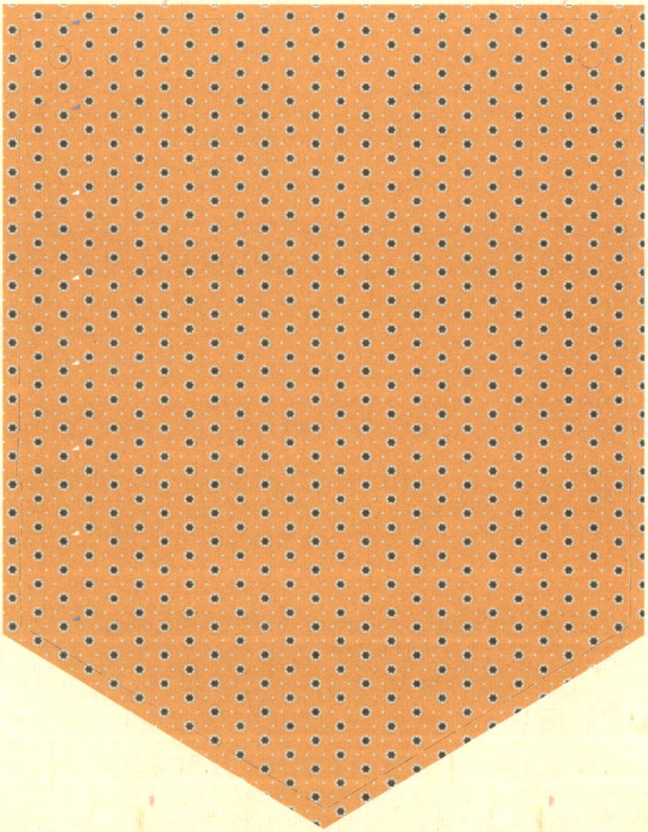

성탄 주일

누가 베들레헴에서 태어나셨나요?

크리스마스 선물 상자 만들기

예수님이
우리를 위해
이 땅에 오셨어요

롤링 페이퍼는 여러 사람이 편지지를 돌려 가며 편지를 쓰는 거예요.
일 년을 함께 한 친구들과 선생님께 이 종이를 돌려요.
그리고 나도 친구들과 선생님들의 롤링 페이퍼에 감사와 사랑의 마음을 전하는 편지를 써요.

이름 : ____________________

나에게 축복의 말을 적어주세요❤

사랑해!
축복해!♥

23과 기억하기 활동 스티커

27과 기억하기 활동 스티커

우상숭배	징계와 심판
회개(부르짖음)	잊어버림
구원	

36과 기억하기 활동 스티커

35과 실천하기 활동 스티커

사랑	질투	감사
욕심	하나님	시기
기도	미움	겸손
불평		

36과 실천하기 활동 스티커

38과 기억하기 활동 스티커

| 선택 스티커 |

①	계속되는	멈추는
②	변하지 않는	변하는
③	왕권	전쟁
④	영원한	잠깐의

42과 기억하기 활동 스티커

42과 실천하기 활동 스티커

1

2

3

4

5

44과 실천하기 활동 스티커 | 경외 스티커 |

❤하나님이
내 앞에 계세요❤
화해하고
사랑할게요.

❤하나님이
내 앞에 계세요❤
말씀을 이해하도록
도와주세요.

❤하나님이
내 앞에 계세요❤
정직할게요.

❤하나님이
내 앞에 계세요❤
부모님을
공경할게요.

❤하나님이
내 앞에 계세요❤
하나님께
예배해요.

❤하나님이
내 앞에 계세요❤
하나님 말씀대로
순종할게요.

추수감사주일 기억하기 활동 스티커

이단경계주일 기억하기 활동 스티커

예레미야 예레미야 예레미야

하나냐 하나냐 하나냐

성탄주일 실천하기 활동 스티커

성탄주일 기억하기 활동 스티커

24과 실천하기 활동 스티커

1

2

3

4

28과 실천하기 활동 스티커

26과 실천하기 활동 스티커

29과 실천하기 활동 스티커

32과 실천하기 활동 스티커

38과 실천하기 활동 스티커

하나 바이블

The Kingdom of God in the Bible
하나 바이블은 성경 속에서 하나님 나라를 배우는 책입니다.
왕관은 하나님의 통치, 길은 하나님 나라 백성의 삶을 의미합니다.

유년부
1과정·2학기
학생용

가정용 미션북

“하나님 나라의 역사”

하나 바이블

교회 :

이름 :

대한예수교장로회총회

유년부 1과정 2학기

10단원 마음을 다하는 하나님 나라

11단원 은혜를 나누는 하나님 나라

12단원 노래하는 하나님 나라

절기 & 특별 공과

성경말씀 찾는 방법

1. **구약**인지 **신약**인지 찾아요. ········ 성경은 구약과 신약으로 나누어져 있어요.

2. 성경책 옆에 있는 **약자**를 찾아 성경을 펴요. ········ 약자는 성경책명을 줄이는 방식으로 되어 있어요.

3. **장**을 찾아요. ········ 성경의 큰 숫자는 장을 나타내요.

4. **절**을 찾아요. ········ 성경의 작은 숫자는 절을 나타내요.

★ 성경 찾는 연습은 미션북 4-5페이지에서 해요!

성경말씀을 찾는 방법을 연습해 보아요!

여호수아 1장 8절

① 여호수아는 구약인가요, 신약인가요? ▶ ② 여호수아의 약자는 무엇인가요?
▶ ③ 큰 숫자 1을 찾았나요? ▶ ④ 작은 숫자 8을 찾았나요? ▶ ⑤ 아래에 찾은 구절을 적어 보세요.

*정답: 이 율법책을 네 입에서 떠나지 말게 하며 주야로 그것을 묵상하여 그 안에 기록된 대로 다 지켜 행하라 그리하면 네 길이 평탄하게 될 것이며 네가 형통하리라

사무엘상 16장 7절

① 사무엘상은 구약인가요, 신약인가요? ▶ ② 사무엘상의 약자는 무엇인가요?
▶ ③ 큰 숫자 16을 찾았나요? ▶ ④ 작은 숫자 7을 찾았나요? ▶ ⑤ 아래에 찾은 구절을 적어 보세요.

*정답: 여호와께서 사무엘에게 이르시되 그의 용모와 키를 보지 말라 내가 이미 그를 버렸노라 내가 보는 것은 사람과 같지 아니하니 사람은 외모를 보거니와 나 여호와는 중심을 보느니라 하시더라

잠언 9장 10절

① 잠언은 구약인가요, 신약인가요? ▶ ② 잠언의 약자는 무엇인가요?
▶ ③ 큰 숫자 9를 찾았나요? ▶ ④ 작은 숫자 10을 찾았나요? ▶ ⑤ 아래에 찾은 구절을 적어 보세요.

*정답: 여호와를 경외하는 것이 지혜의 근본이요 거룩하신 자를 아는 것이 명철이니라

성경 약자표

구약

약자	성경	약자	성경	약자	성경	약자	성경
창	1 창세기	출	2 출애굽기	레	3 레위기	민	4 민수기
신	5 신명기	수	6 여호수아	삿	7 사사기	룻	8 룻기
삼상	9 사무엘상	삼하	10 사무엘하	왕상	11 열왕기상	왕하	12 열왕기하
대상	13 역대상	대하	14 역대하	스	15 에스라	느	16 느헤미야
에	17 에스더	욥	18 욥기	시	19 시편	잠	20 잠언
전	21 전도서	아	22 아가	사	23 이사야	렘	24 예레미야
애	25 예레미야 애가	겔	26 에스겔	단	27 다니엘	호	28 호세아
욜	29 요엘	암	30 아모스	옵	31 오바댜	욘	32 요나
미	33 미가	나	34 나훔	합	35 하박국	습	36 스바냐
학	37 학개	슥	38 스가랴	말	39 말라기		

신약

마	1 마태복음	막	2 마가복음	눅	3 누가복음	요	4 요한복음
행	5 사도행전	롬	6 로마서	고전	7 고린도전서	고후	8 고린도후서
갈	9 갈라디아서	엡	10 에베소서	빌	11 빌립보서	골	12 골로새서
살전	13 데살로니가전서	살후	14 데살로니가후서	딤전	15 디모데전서	딤후	16 디모데후서
딛	17 디도서	몬	18 빌레몬서	히	19 히브리서	약	20 야고보서
벧전	21 베드로전서	벧후	22 베드로후서	요일	23 요한일서	요이	24 요한이서
요삼	25 요한삼서	유	26 유다서	계	27 요한계시록		

성경 66권 중 구약과 신약은 각각 몇 권일까요?

3 × 9 = 27

구약39권 신약27권

성경은 구약 39권, 신약 27권으로 나누어져 있어요.
3×9=27로 쉽게 기억하세요!

미션북 활용법

주일뿐만 아니라 **매일매일** 하나님 나라를 배워요.
교회에서뿐만 아니라 **집에서도** 하나님 말씀을 가까이해요.
혼자서뿐만 아니라 **가족과 함께** 말씀을 실천해요.
주중에 미션을 실천한 후 네모 박스에 체크를 해요. ☑

23과 · 가정 복습 활동 ·

약속의 말씀을 어떻게 해야 하나요?

유년부 앱(APP)을 했나요? ☐

성경이야기

하나님 나라 스토리를 읽어요 ☐

하나님은 모세의 뒤를 이을 새로운 지도자로 여호수아를 선택하셨어요. 여호수아는 이스라엘 백성을 약속의 땅 가나안으로 이끌어야 해요.
이스라엘 백성은 이제 가나안 땅에 들어가서 그 땅을 정복해야 했어요. 하나님은 가나안 땅을 정복할 수 있는 방법을 여호수아에게 말씀하셨어요. 하나님은 여호수아에게 말씀을 밤낮으로 묵상하고, 말씀을 다 지켜 행하라고 하셨어요. 하나님은 이미 모세를 통해 이스라엘에게 가나안 땅을 주실 것을 약속하셨어요. 그리고 그 땅에 들어가서 순종해야 할 말씀을 주셨어요. 이스라엘 백성이 약속의 땅을 얻는 방법은 하나님의 말씀을 힘써 지키는 것이에요. 하나님의 약속을 묵상하고 지키는 것이 이 세상에서 하나님 나라를 보여주는 방법이에요. 하나님 나라의 백성인 우리도 약속의 말씀을 묵상하고 지켜야 해요.

선생님의 칭찬 메시지

12

가족과 함께 이야기해요 ☐

1 누가 이스라엘의 새로운 지도자로 세워졌나요?
2 이스라엘 백성이 약속의 땅을 얻으려면 어떻게 해야 하나요?
3 우리 가족은 묵상하는 시간을 가지고 있나요?

요절 챈트를 따라 부르고, 요절을 쓰세요 ☐

여호수아 1장 8절

요절챈트

단원 찬양 영상을 보고 가장 기억에 남는 단어나 문장을 적어 보세요 ☐

1주

13

2주

여호수아 6장 12-14절을 읽고, 아래의 단어가 몇 번 나오는지 찾아보세요 ☐

여호와의 궤 ___번
뒤를 따르고 ___번

3주

교회용 '실천하기'를 한 후 나의 마음을 표정으로 그려 보세요 ☐

4주

여호수아 14장 12-14절을 읽고, 아래의 내용이 나오는 절을 찾아서 적으세요 ☐

여호와께서 나와 함께 하시면 ___절
갈렙을 위하여 축복하고 ___절
여호와를 온전히 좇았음이라 ___절

1. **유년부 앱(APP)을 한다.**
   게임을 하면서 주일에 배운 공과 내용을 복습해요.

2. **성경이야기 영상을 본다.**
   주일에 배운 성경 본문 이야기를 영상으로 복습해요.

3. **하나님 나라 스토리를 읽는다.**
   성경 그림과 글을 연결시켜서 생각해 보세요.
   인물의 이름에 동그라미를 하면서 읽어 보세요. 더 재미있게 읽을 수 있어요.

4. **가족과 함께 이야기 하고 말씀을 실천한다.**

5. **요절 말씀을 쓰고, 요절 챈트를 따라 부르며 말씀을 외운다.**

6. **1주는 단원 찬양 영상을 보고 생각나는 단어나 문장을 적는다.**
   2주는 말씀 속 핵심 단어를 찾는다.
   3주는 교회용 '실천하기'를 한 후 나의 마음을 표정으로 표현한다.
   4주는 말씀 속 핵심 단어가 나오는 본문을 찾는다.

7. **주일에 선생님께 확인 받는다.**

8. **미션북 가정 체크 리스트(별지)**
   매주 미션북을 했다면 스스로 매 주일 하나씩 스티커를 붙여 보세요.

유년부 앱(APP) 활용법

[하나 바이블 유년부] 앱(APP)은
평면적인 종이 교재를 벗어나 **입체적인 신앙교육**을 가능하게 해요.
유년부 앱을 통해 주일에 배운 내용을 **복습**할 수 있어요.

1 단계

플레이 혹은 앱 스토어에서 "하나 바이블 유년부" 앱(APP)을 내려받기 해요.

사용법 / 앱 다운로드

(1) QR 코드를 찍어 주세요.

(2) 하나 바이블 유년부 앱 다운로드 링크에 접속하여 앱을 내려 받아 설치해 주세요.

(3) 설치된 앱의 실행 방법은 QR코드의 사용설명 영상링크에 접속하여 확인할 수 있습니다.

2 단계

내려받은 하나 바이블 유년부 앱(APP)을 실행해요.

3 단계

주일 예배 후 주중에는 앱(APP)으로 복습해요.

학부모 앱(APP) 활용법

부모님에게도
하나 바이블 유년부 앱(APP)을 소개해요.

사용법 / 앱 다운로드

1 학습 요점 영상
과별 본문 내용과 핵심 문장을 기억하고
생활 속에서 실천할 수 있도록 도와주는
성경 이야기 영상을 볼 수 있어요.

2 과별 요절 챈트 & 단원 찬양 영상
요절과 단원 주제를 기억하도록 도와주는 찬양 영상을 볼 수 있어요.

3 유년부 미션북 정답
미션북 과별 정답을 확인할 수 있어요.

4 매일 큐티
앱 큐티로 말씀을 묵상하고,
영역별 기도 제목으로 매일 기도할 수 있어요.

5 신앙 점검
개인 신앙 점검표를 날마다 작성할 수 있어요.

6 공과 시연 영상
영상을 보면서 학생 혼자서
공과를 할 수 있어요.

23과

•가정 복습 활동•

약속의 말씀을 어떻게 해야 하나요?

유년부 앱(APP)을 했나요?

성경이야기

하나님 나라 스토리를 읽어요

하나님은 모세의 뒤를 이을 새로운 지도자로 여호수아를 선택하셨어요. 여호수아는 이스라엘 백성을 약속의 땅 가나안으로 이끌어야 해요.

이스라엘 백성은 이제 가나안 땅에 들어가서 그 땅을 정복해야 했어요. 하나님은 가나안 땅을 정복할 수 있는 방법을 여호수아에게 말씀하셨어요. 하나님은 여호수아에게 말씀을 밤낮으로 묵상하고, 말씀을 다 지켜 행하라고 하셨어요. 하나님은 이미 모세를 통해 이스라엘에게 가나안 땅을 주실 것을 약속하셨어요. 그리고 그 땅에 들어가서 순종해야 할 말씀을 주셨어요. 이스라엘 백성이 약속의 땅을 얻는 방법은 하나님의 말씀을 힘써 지키는 것이에요. 하나님의 약속을 묵상하고 지키는 것이 이 세상에서 하나님 나라를 보여주는 방법이에요. 하나님 나라의 백성인 우리도 약속의 말씀을 묵상하고 지켜야 해요.

선생님의 칭찬 메시지

가족과 함께 이야기해요

1. 누가 이스라엘의 새로운 지도자로 세워졌나요?
2. 이스라엘 백성이 약속의 땅을 얻으려면 어떻게 해야 하나요?
3. 우리 가족은 묵상하는 시간을 가지고 있나요?

요절 챈트를 따라 부르고, 요절을 쓰세요

요절챈트♪

여호수아 1장 8절

단원 찬양 영상을 보고 가장 기억에 남는 단어나 문장을 적어 보세요

24과

•가정 복습 활동•

우리는 무엇의 뒤를 따라가야 하나요?

유년부 앱(APP)을 했나요? ☐

성경이야기

하나님 나라 스토리를 읽어요 ☐

이스라엘 백성이 가나안 땅에 들어가 처음 정복해야 할 곳은 크고 튼튼한 '여리고 성'이에요. 하나님은 여호수아에게 "내가 여리고를 네 손에 넘겨주었다."라고 말씀하시면서 여리고 성을 정복할 수 있는 방법을 알려주셨어요. 여리고 성을 하루에 한 바퀴씩 6일을 돌고, 마지막 날에는 일곱 바퀴를 돌아요. 그 다음 제사장들이 나팔을 불고 백성은 다 큰 소리로 외쳐 부르라고 하셨어요. 이스라엘 백성은 하나님의 말씀대로 따랐어요. 7일째 되는 날, 제사장이 멘 여호와의 궤를 따라 여리고 성을 일곱 바퀴 돌고, 큰 소리로 외쳤어요. 그러자 여리고 성이 무너졌어요. 하나님을 믿고 말씀대로 따랐더니 하나님께서 이스라엘에게 승리를 주셨어요. 하나님 나라 백성은 하나님보다 앞서지 않고, 말씀을 따를 때 승리할 수 있어요. 하나님 나라 백성인 우리도 항상 하나님의 말씀을 따라가요.

선생님의 칭찬 메시지

가족과 함께 이야기해요

1. 이스라엘 백성이 가나안 땅에서 처음 정복한 성은 어디인가요?
2. 이스라엘 백성은 어떻게 여리고 성을 정복했나요?
3. 우리 가족이 날마다 승리하려면 어떻게 해야 할까요?

요절 챈트를 따라 부르고, 요절을 쓰세요

요절챈트♪

여호수아 6장 7절

여호수아 6장 12-14절을 읽고, 아래의 단어가 몇 번 나오는지 찾아보세요

여호와의 궤

_____번

뒤를 따르고

_____번

25과

·가정 복습 활동·

이웃과의 약속을 어떻게 해야 하나요?

유년부 앱(APP)을 했나요?

성경이야기

하나님 나라 스토리를 읽어요

기브온 사람들은 이스라엘 백성이 여리고 성을 무너뜨렸다는 소식을 듣고 여호수아를 속여 평화 조약을 맺었어요. 이스라엘 백성은 기브온 사람들이 가나안 민족인 것을 모르고 약속을 맺었지만, 하나님의 이름으로 약속을 했기 때문에 기브온과의 약속을 지켜야 했어요. 기브온 사람들이 이스라엘과 약속한 것을 알게 된 아모리 족속의 다섯 왕이 힘을 합쳐 기브온을 공격해 왔어요. 이 소식을 들은 이스라엘은 기브온 사람과의 약속을 지키기 위해 아모리 연합군과 싸웠어요. 하나님은 이스라엘 백성이 전쟁에서 이기도록 놀라운 기적을 일으켜 주셨어요. 아모리 군대에게 큰 우박을 내리셨어요. 그래서 칼에 죽은 사람보다 우박에 맞아 죽은 사람이 더 많았어요. 이때 태양과 달이 하늘에서 멈춰 오래 머무르는 기적이 일어났어요. 하나님께서 약속을 지킨 이스라엘 백성을 위하여 싸워 주셨어요. 하나님 나라 백성인 우리도 이웃과의 약속을 소중히 여겨야 해요.

선생님의 칭찬 메시지

가족과 함께 이야기해요

1. 누가 여호수아를 속여 평화 조약을 맺었나요?
2. 이스라엘은 아모리 연합군과의 전쟁에서 어떻게 이겼나요?
3. 우리 가족이 약속을 소중히 지키려면 어떻게 해야 할까요?

요절 챈트를 따라 부르고, 요절을 쓰세요

요절챈트♪

여호수아 10장 14절

교회용 '실천하기'를 한 후 나의 마음을 표정으로 그려 보세요

26과

•가정 복습 활동•

우리는 끝까지 무엇을 선택해야 하나요?

유년부 앱(APP)을 했나요?

성경이야기

하나님 나라 스토리를 읽어요

아직도 정복되지 않은 가나안 땅이 있었어요. 헤브론에도 아직 가나안 사람들이 살고 있어서 그곳에 가서 싸울 사람이 필요했어요. 이때 85세의 갈렙이 용감하게 말했어요. "여호와께서 말씀하신 이 산지를 지금 내게 주세요. 그곳에 큰 거인들이 살고 있고 성들이 크고 튼튼할지라도 하나님께서 나와 함께 하시면 내가 그들을 쫓아낼 수 있어요." 여호수아는 갈렙을 축복하고 헤브론 땅을 주었어요. 갈렙은 40세에 가데스 바네아에서 가나안 땅 정탐 보고를 할 때도 하나님의 말씀을 선택했어요. 그때 갈렙은 믿음의 말을 했어요. 85세가 된 갈렙은 여전히 믿음으로 하나님의 말씀을 따르는 삶을 선택했어요. 하나님께 충성했어요. 하나님 나라 백성은 매 순간마다 하나님을 따르는 삶을 선택해요. 하나님 나라 백성인 우리도 어렵고 힘들더라도 끝까지 하나님을 선택하며 살아요.

선생님의 칭찬 메시지

가족과 함께 이야기해요

1. 가나안의 헤브론 땅에는 아직 누가 살고 있었나요?
2. 40세의 갈렙과 85세의 갈렙은 믿음으로 누구의 말씀을 따르는 선택을 했나요?
3. 우리 가족이 끝까지 선택해야 하는 것은 무엇일까요?

요절 챈트를 따라 부르고, 요절을 쓰세요

요절챈트♪

여호수아 14장 12절

여호수아 14장 12-14절을 읽고, 아래의 내용이 나오는 절을 찾아서 적으세요

______절

______절

______절

27과 무엇이 신앙의 실패인가요?

·가정 복습 활동·

유년부 앱(APP)을 했나요? ☐

성경이야기

하나님 나라 스토리를 읽어요 ☐

여호수아와 이스라엘 백성은 오직 하나님만 섬기겠다고 약속했어요. 하지만 여호수아가 죽은 후 이스라엘 백성은 하나님을 알지 못하는 다른 세대가 되었어요. 이스라엘 백성은 하나님께서 이스라엘을 위해 행하신 일을 잊어버렸어요. 하나님을 떠나 우상을 섬기고, 우상을 주인으로 섬겼어요. 하나님을 떠난 이스라엘 백성은 다른 나라의 공격을 당했어요. 메소포타미아 구산 리사다임 왕이 이스라엘을 쳐들어와 괴롭혔어요. 이스라엘 백성은 하나님께 도와달라고 기도했어요. 이스라엘은 하나님을 버리고 죄를 지었지만, 하나님은 이스라엘을 사랑하셨어요. 이스라엘 백성이 회개하고 하나님을 다시 찾자, 사사 옷니엘을 보내주셔서 이스라엘을 구원해 주셨어요. 하나님을 떠난 이스라엘은 실패했어요. 왕이신 하나님을 잊어 버리는 것이 곧 신앙의 실패예요. 하나님의 백성인 우리도 왕이신 하나님을 떠나지 말고 하나님과 하나님이 하신 일을 깊이 알아야 해요.

선생님의 칭찬 메시지

가족과 함께 이야기해요

1. 여호수아가 죽은 후 이스라엘 백성은 무엇을 모르는 다른 세대가 되었나요?
2. 우리 가족이 신앙의 실패를 하지 않기 위해서 무엇을 기억해야 할까요?
3. 하나님에 대한 소개를 부모님으로 부터 듣고 적어요.

➡

요절 챈트를 따라 부르고, 요절을 쓰세요

요절챈트♪

사사기 2장 10절

단원 찬양 영상을 보고 가장 기억에 남는 단어나 문장을 적어 보세요

28과 우리는 무엇을 의지해야 하나요?

•가정 복습 활동•

유년부 앱(APP)을 했나요? ☐

성경이야기

하나님 나라 스토리를 읽어요 ☐

이스라엘 백성은 또다시 하나님을 떠나 우상을 섬겼어요. 그래서 이스라엘 백성은 미디안 사람들에게 괴롭힘을 당하게 되었어요. 미디안 사람들이 몰려와서 이스라엘 사람의 곡식과 가축을 빼앗고 괴롭혔어요.

이스라엘 백성은 산속 동굴에 숨어 살았어요. 이스라엘 백성이 하나님께 부르짖고 기도했어요. 하나님은 이스라엘의 기도를 들으시고 기드온을 사사로 세우셨어요. 13만 5천 명의 미디안 군사들이 이스라엘 골짜기로 쳐들어 왔어요. 미디안과 싸우기 위해 이스라엘 백성 3만 2천 명이 모였어요. 하지만 하나님은 300명만 남기고 모두 집으로 돌아가게 하셨어요. 하나님께서 이렇게 하신 이유는 사람의 수가 힘이 아니라 하나님의 능력으로 이길 수 있다는 것을 가르쳐 주시기 위해서였어요. 결국 기드온은 300명으로 승리를 거두고 "하나님께서 하셨다"라고 고백했어요. 하나님 나라 백성은 하나님의 능력을 의지하는 사람이에요. 우리도 하나님의 능력을 의지해요.

선생님의 **칭찬** 메시지

가족과 함께 이야기해요

1. 이스라엘 백성이 미디안에게 괴롭힘을 받은 이유는 무엇인가요?
2. 왜 하나님께서 이스라엘 군대 300명만 남겨두고 돌려보내셨나요?
3. 우리 가족이 누구를 의지해야 승리할 수 있을까요?

요절 챈트를 따라 부르고, 요절을 쓰세요

요절챈트♪

사사기 7장 2절

사사기 7장 15-18절을 읽고, 아래의 단어가 몇 번 나오는지 찾아보세요

기드온	여호와	넘겨 주셨느니라	나팔
______번	______번	______번	______번

29과 · 가정 복습 활동 ·

하나님을 주인으로 고백할 때, 어떻게 되나요?

유년부 앱(APP)을 했나요? ☐

성경이야기

하나님 나라 스토리를 읽어요 ☐

이스라엘 백성이 또다시 하나님을 떠나 우상을 섬겼어요. 그래서 40년 동안 블레셋에게 괴롭힘을 당하게 되었어요. 하나님은 이스라엘 백성을 구원하시기 위해 삼손을 사사로 세우셨어요. 삼손은 거룩히 구별된 나실인으로 태어났어요. 하나님은 삼손에게 아주 특별한 힘을 주셨어요. 그러나 삼손은 하나님이 주신 힘을 가지고 말씀대로 살지 않았어요. 나실인으로 지켜야 할 규칙들을 어겼어요. 삼손은 블레셋 여인, 들릴라의 꼬임에 빠져 특별한 힘을 잃고 블레셋에 끌려갔어요. 블레셋 사람들은 삼손을 비웃고, 하나님을 비웃었어요. 삼손은 마음을 돌이켜 하나님께 기도했어요. "하나님, 이번만 나를 강하게 해주세요. 블레셋 사람에게 원수를 갚게 해주세요." 삼손은 자기 힘의 주인이 하나님이심을 고백하고 도움을 구했어요. 그러자 하나님께서 삼손에게 다시 강한 힘을 주셨어요. 삼손은 하나님의 영광을 드러냈어요. 놀라운 역사가 일어났어요. 하나님 나라 백성인 우리도 하나님을 왕으로 인정하고 고백해야 해요. 우리가 하나님을 주인으로 인정하고 고백할 때 놀라운 역사가 일어나요.

선생님의 칭찬 메시지

가족과 함께 이야기해요

1. 누가 삼손에게 아주 특별한 힘을 주셨나요?
2. 하나님께서 우리 가족에게 특별히 주신 능력은 무엇이 있나요?
3. 우리 가족에게 주신 것을 주인이신 하나님을 위해 어떻게 사용할 수 있을까요?

요절 챈트를 따라 부르고, 요절을 쓰세요

요절챈트♪

사사기 16장 28절 상반절

교회용 '실천하기'를 한 후 나의 마음을 표정으로 그려 보세요

30과 왜 룻은 나오미와 함께 갔나요?

·가정 복습 활동·

유년부 앱(APP)을 했나요? ☐

성경이야기

하나님 나라 스토리를 읽어요 ☐

베들레헴에 가뭄이 들었어요. 나오미 가족은 곡식을 구하기 위해 모압으로 갔어요. 그런데 모압에서 나오미의 남편과 두 아들 모두 죽고 말았어요. 이제 나오미 곁에는 며느리 오르바와 룻만 남았어요. 나오미는 베들레헴으로 돌아가기로 결심하고 두 며느리에게 각자 고향으로 돌아가라고 말했어요. 오르바는 자기 고향으로 돌아갔지만, 룻은 나오미 곁을 떠나지 않았어요. 룻은 나오미에게 "어머니 가시는 곳에 저도 함께 가고, 어머니의 백성이 나의 백성이 되고, 어머니의 하나님이 나의 하나님이에요."라고 말했어요. 룻은 시어머니를 따라서 베들레헴으로 함께 갔어요. 룻은 하나님이 세상의 주인이심을 믿었어요. 그래서 시어머니를 진심으로 섬길 수 있었어요. 이런 룻의 삶에 감동 받은 보아스가 나오미와 룻을 섬겼어요. 하나님은 룻과 보아스가 결혼하게 해주셨어요. 하나님께서 그들에게 특별한 은혜를 베풀어 주셨어요. 룻과 보아스는 다윗 왕의 조상이 되었고, 장차 오실 예수님의 조상이 되었어요. 하나님 나라 백성은 하나님의 주권을 믿고 섬길 수 있어요. 하나님은 우리의 헌신을 잊지 않으세요. 우리도 섬기는 삶을 살아야 해요.

선생님의 칭찬 메시지

가족과 함께 이야기해요

1. 누가 나오미를 따라서 베들레헴으로 함께 갔나요?
2. 룻이 나오미를 위해 희생하며 섬길 수 있었던 이유는 무엇인가요?
3. 우리 가족이 이웃을 위해 헌신할 수 있는 일은 무엇이 있을까요?

요절 챈트를 따라 부르고, 요절을 쓰세요

요절챈트♪

룻기 1장 16절 하반절

룻기 4장 14-17절을 읽고, 아래의 내용이 나오는 절을 찾아서 적으세요

찬송할지로다

_____절

이름을 오벳이라 하였는데

_____절

다윗의 아버지인 이새의 아버지였더라

_____절

31과 어려움이 있을 때 무엇을 해야 할까요?

·가정 복습 활동·

유년부 앱(APP)을 했나요?

성경이야기

하나님 나라 스토리를 읽어요

엘가나에게는 한나와 브닌나라는 아내가 있었어요. 브닌나는 자녀가 있었지만, 한나는 없었어요. 브닌나는 자녀가 없는 한나를 놀리고 괴롭혔어요. 한나는 아무것도 먹지 못할 만큼 너무 괴롭고 슬펐어요. 한나는 하나님께 간절히 기도했어요. 기도를 통해서 하나님께 자신의 마음을 숨김없이 말했어요. "하나님, 저의 괴로움을 돌보아 주세요. 저를 기억해 주세요." 엘리 제사장은 기도하는 한나에게 "평안히 가라. 하나님이 네가 기도한 것을 허락하시기를 원한다."라고 했어요. 하나님은 한나의 기도를 들으셨어요. 그래서 한나에게 '사무엘'을 낳게 해주셨어요. 하나님은 기도하는 한나를 통해 하나님 나라의 일꾼을 세우셨어요. 하나님은 기도하는 사람을 사용하세요. 하나님 나라 백성은 삶의 어려움이 있을 때, 하나님께 마음을 다해 기도해요. 우리도 고난과 어려움이 있을 때, 하나님께 마음을 다해 기도해요.

선생님의 칭찬 메시지

가족과 함께 이야기해요

1. 한나는 왜 슬펐나요?
2. 한나는 괴롭고 슬플 때 무엇을 했나요?
3. 우리 가족이 하나님께 마음을 쏟으며 기도해야 할 기도제목을 나눠요.

요절 챈트를 따라 부르고, 요절을 쓰세요

요절챈트♪

사무엘상 1장 15절

단원 찬양 영상을 보고 가장 기억에 남는 단어나 문장을 적어 보세요

32과

·가정 복습 활동·

사무엘은 하나님의 말씀을 듣고 어떻게 했나요?

유년부 앱(APP)을 했나요? ☐

성경이야기

하나님 나라 스토리를 읽어요 ☐

사사들이 다스리던 시대에 이스라엘 백성은 하나님의 말씀을 듣지 않고 자기 마음대로 살았어요. 심지어 하나님을 섬기는 제사장도 하나님께 드리는 제물을 마음대로 가져갔어요. 하나님을 무시했어요. 어느 날 밤 사무엘이 잠을 자려고 누웠을 때 어디선가 자신을 부르는 소리가 들렸어요. "사무엘아, 사무엘아." 사무엘은 엘리 제사장이 부르는 줄 알고 달려갔지만, 엘리 제사장은 사무엘을 부르지 않았어요. 세 번이나 달려갔지만 엘리 제사장이 부른 것이 아니었어요. 하나님께서 사무엘을 부르신 거예요. 하나님을 존중히 여긴 사무엘을 하나님께서 존귀하게 여기시고 부르셨어요. 하나님은 사무엘에게 엘리의 집을 벌하실 것이라고 말씀해 주셨어요. 사무엘은 하나님의 말씀을 그대로 엘리 제사장에게 그대로 전했어요. 하나님의 백성은 사무엘처럼 "여호와의 말씀하옵소서. 제가 듣겠습니다."라고 대답해요. 그리고 겸손한 마음으로 전해요.

선생님의 칭찬 메시지

가족과 함께 이야기해요

1 하나님이 말씀하실 때, 사무엘은 무엇이라고 대답했나요?

2 사무엘은 하나님의 말씀을 조금도 숨기지 않고 누구에게 전했나요?

3 우리 가족이 잘 듣고 그대로 순종해야 할 하나님의 말씀은 무엇인가요?

요절 챈트를 따라 부르고, 요절을 쓰세요

요절챈트♪

사무엘상 3장 9절

사무엘상 3장 10-11절, 17-18절을 읽고, 아래의 단어가 몇 번 나오는지 찾아보세요

듣겠나이다	듣는 자마다	숨기지 말라	숨기지 아니하니
____번	____번	____번	____번

33과

·가정 복습 활동·

우리의 마음이 어디를 향해야 하나요?

유년부 앱(APP)을 했나요?

성경이야기

하나님 나라 스토리를 읽어요

이스라엘 백성이 하나님을 떠나 또다시 우상을 섬기며 하나님께 죄를 지었어요. 그 죄로 인해 이스라엘 백성은 20년 동안 블레셋에게 공격을 받으며 어렵게 살고 있었어요. 그러자 이스라엘 백성들은 하나님께로 마음을 돌이키고, 하나님을 간절히 찾았어요. 사무엘 선지자는 이스라엘 백성에게 말했어요. “모든 우상을 버리고 오직 하나님만 섬기십시오!” 이스라엘 백성은 우상을 버리고 미스바에 모여 죄를 회개하며, 하나님께로 마음을 돌이켰어요. 그때 이스라엘 백성이 미스바에 모였다는 소식을 들은 블레셋 군대가 쳐들어왔어요. 사무엘은 이스라엘 백성을 위해 하나님께 제사를 드리며 간절히 기도했어요. 하나님은 회개한 이스라엘이 블레셋과의 전쟁에서 이기게 하셨어요. 하나님 나라 백성은 마음을 하나님께 고정해야 해요.

선생님의 칭찬 메시지

가족과 함께 이야기해요 ☐

1. 이스라엘 백성은 미스바에 모여 무엇을 버리며 죄를 회개했나요?
2. 우리 가족의 마음은 하나님을 향하고 있나요?
3. 우리 가족이 마음을 돌이켜 하나님께 잘못한 것을 회개해요.

요절 챈트를 따라 부르고, 요절을 쓰세요 ☐

요절챈트♪

사무엘상 7장 2절

교회용 '실천하기'를 한 후 나의 마음을 표정으로 그려 보세요 ☐

34과 어떻게 순종해야 하나요?

·가정 복습 활동·

유년부 앱(APP)을 했나요? ☐

성경이야기

하나님 나라 스토리를 읽어요 ☐

사울은 이스라엘의 첫 번째 왕이 되었어요. 이제 사울 왕은 하나님의 뜻에 따라 이스라엘을 다스려야 해요. 어느 날 하나님은 사무엘 선지자를 통해 사울 왕에게 아말렉을 진멸하라고 하셨어요. '진멸하라'는 명령은 모든 것을 남기지 말고 없애버리라는 것이에요. 하나님의 도우심으로 이스라엘은 아말렉과의 전쟁에서 승리할 수 있었어요. 하지만 사울 왕은 하나님의 명령을 따르지 않고, 좋은 것은 남기고 쓸모없는 것들만 없앴어요. 사울 왕은 하나님을 위해 드릴 제물이라고 핑계를 댔어요. 사무엘이 사울 왕에게 말했어요. "순종이 제사보다 낫고 듣는 것이 숫양의 기름을 바치는 것보다 낫습니다." 하나님께서 말씀을 버린 사울을 더 이상 왕이 되지 못하게 하셨어요. 하나님 나라 백성은 하나님 말씀에 철저하게 순종해야 해요. 하나님만이 진정한 왕이심을 기억하고 하나님 말씀에 그대로 순종해요.

선생님의 칭찬 메시지

가족과 함께 이야기해요

1. 사울은 아말렉을 진멸하라는 하나님의 명령에 어떻게 했나요?
2. 무엇이 제사보다 낫나요?
3. 우리 가족이 하나님의 말씀에 철저히 순종하고 있나요?

요절 챈트를 따라 부르고, 요절을 쓰세요

요절챈트♪

사무엘상 15장 22절 하반절

사무엘상 15장 19-22절을 읽고, 아래의 내용이 나오는 절을 찾아서 적으세요

여호와의 목소리를 청종하지 아니하고

______절

여호와께서 악하게 여기시는 일을

______절

순종이 제사보다 낫고

______절

35과

·가정 복습 활동·

하나님은 무엇을 중요하게 보시나요?

유년부 앱(APP)을 했나요?

성경이야기

하나님 나라 스토리를 읽어요

하나님은 교만한 사울을 버리시고 새로운 왕을 찾으셨어요. 하나님께서 베들레헴에 사는 이새의 집으로 사무엘을 보내셨어요. 사무엘은 이새의 아들 중 첫째 아들 엘리압의 모습을 보고, 엘리압이 여호와의 기름 부음을 받을 자라고 생각했어요. 그러자 하나님께서 사무엘에게 말씀하셨어요. "사람은 외모를 보거니와 나 여호와는 중심을 보느니라." 이새의 아들 일곱 명이 차례차례 사무엘 앞을 지나갔지만, 아무도 선택하지 않으셨어요. 하나님은 사람의 외모나 조건이 아니라 하나님을 향한 마음을 보세요. 하나님은 하나님을 사랑하고 경외하는 마음을 가진 다윗을 선택하셨어요. 하나님은 하나님 나라를 세워 가시기 위해 하나님의 마음에 맞는 사람을 세우세요. 하나님은 우리의 중심을 보고 계세요. 하나님은 우리 마음을 아름답게 빚어가세요. 하나님의 백성인 우리도 마음을 중요하게 생각하고 마음을 훈련해요.

선생님의 칭찬 메시지

가족과 함께 이야기해요

1. 하나님께서 사울을 버리고 새로 선택하신 왕은 누구인가요?
2. 사람이 보는 것과 하나님이 보시는 것은 어떻게 다른가요?
3. 우리 가족도 하나님이 중요하게 여기시는 마음을 중요하게 생각하고 있나요?

요절 챈트를 따라 부르고, 요절을 쓰세요

요절챈트♪

사무엘상 16장 7절

단원 찬양 영상을 보고 가장 기억에 남는 단어나 문장을 적어 보세요

36과

·가정 복습 활동·

다윗은 무엇을 의지하며 나아갔나요?

유년부 앱(APP)을 했나요? ☐

성경이야기

하나님 나라 스토리를 읽어요 ☐

이스라엘과 블레셋이 전쟁을 하게 되었어요. 다윗의 형들은 전쟁터에 나갔어요. 다윗도 아버지의 심부름으로 형들을 만나러 전쟁터로 갔어요. 그러다 블레셋의 장군 골리앗이 하나님의 이름을 욕하는 것을 듣게 되었어요. "이스라엘 겁쟁이들아, 나와 싸울 자는 어서 나와라!" 골리앗은 키가 무려 3m나 되는 거인이었어요. 그 누구도 골리앗과 맞서 싸우려 하지 않았어요. 하지만 그 소리를 들은 다윗은 골리앗과 싸우겠다고 했어요. 사울 왕과 형들이 말렸지만, 다윗은 언제나 자신을 지켜주신 하나님을 믿었어요. 골리앗은 다윗을 보고 비웃었어요. 다윗은 골리앗에게 외쳤어요. "너는 칼과 창을 가지고 나왔지만, 나는 여호와의 이름으로 너에게 간다!" 다윗이 던진 물맷돌을 맞고 거인 골리앗이 쓰러졌어요. 모두 두려워할 때, 다윗은 하나님의 이름을 의지하며 나아갔어요. 두려운 일이 생길 때, 하나님 나라 백성은 승리를 주시는 하나님을 의지하여 용기를 가질 수 있어요.

선생님의 칭찬 메시지

가족과 함께 이야기해요

1. 모두 골리앗을 두려워할 때, 다윗은 무엇을 의지하며 나아갔나요?
2. 두려운 상황에서 우리 가족은 누구를 의지해야 할까요?
3. 우리 가족이 하나님을 의지하며 용기를 내야 하는 것을 생각하고 이야기해요.

요절 챈트를 따라 부르고, 요절을 쓰세요

요절챈트♪

사무엘상 17장 45절

사무엘상 17장 26절, 45-46절을 읽고, 아래의 단어가 몇 번 나오는지 찾아보세요

살아 계시는 하나님의 군대	하나님의 이름으로	여호와의 구원하심이
______절	______절	______절

37과

·가정 복습 활동·

억울한 상황에서 어떻게 해야 할까요?

유년부 앱(APP)을 했나요?

성경이야기

하나님 나라 스토리를 읽어요

다윗은 전쟁에 나가면 항상 이기고 돌아왔어요. 왜냐하면 하나님께서 다윗과 함께하셨기 때문이에요. 다윗의 인기가 점점 올라갔어요. 사울 왕은 이스라엘 백성이 자기보다 다윗을 더 좋아하자 다윗을 죽이려고 했어요. 다윗이 하길라 산에 머물고 있을 때였어요. 다윗이 하길라 산에 있다는 이야기를 들은 사울 왕은 군인들을 이끌고 산 앞까지 쫓아왔어요. 모두가 잠든 밤, 다윗과 아비새는 몰래 사울이 잠든 텐트를 찾아 들어갔어요. 사울 왕을 죽일 수 있는 좋은 기회가 찾아왔어요. 아비새는 사울 왕을 죽이자고 했지만, 다윗은 사울 왕의 머리 곁에 있는 창과 물병만 가지고 나왔어요. 다윗이 사울 왕의 목숨을 살려준 이유는 사울 왕이 하나님께 기름 부음을 받은 왕이기 때문이었어요. 이것은 다윗이 하나님의 주권을 인정하고 있다는 것을 말해요. 다윗은 원수를 갚지 않고 하나님께 맡겼어요. 하나님 나라 백성은 억울한 상황에서도 하나님의 약속을 믿고 하나님께 맡길 수 있어요. 왕이신 하나님이 일하시기를 기다려요. 하나님은 이런 과정을 통해서 우리의 마음을 빚어가세요.

선생님의 칭찬 메시지

가족과 함께 이야기해요

1. 사울은 누구를 죽이려고 했나요?
2. 왜 다윗은 사울의 목숨을 살려주었을까요?
3. 우리 가족은 억울한 상황에서 어떻게 해야 할까요?

요절 챈트를 따라 부르고, 요절을 쓰세요

요절챈트♪

사무엘상 26장 23절

교회용 '실천하기'를 한 후 나의 마음을 표정으로 그려 보세요

38과

·가정 복습 활동·

하나님은 다윗의 집에 무엇을 주셨나요?

유년부 앱(APP)을 했나요? ☐

성경이야기

하나님 나라 스토리를 읽어요 ☐

다윗이 하나님의 은총을 받아 왕이 되었어요. 다윗은 왕궁에서 편안하게 살게 되었어요. 어느날 다윗은 나단 선지자에게 “저는 백향목 궁에 사는데, 하나님의 법궤는 아직 휘장에 있어요. 하나님을 위한 성전을 짓고 싶어요.”라고 말했어요. 다윗에게는 하나님을 위하는 아름다운 마음이 있었어요. 하나님은 다윗의 마음을 보시고 다윗과 이스라엘을 위하여 영원한 왕권을 약속해 주셨어요. 하나님은 다윗의 이름을 높여 주시고, 아들을 통해 성전을 지을 것을 약속해 주셨어요. 그리고 다윗의 후손이 영원히 이스라엘의 왕이 되게 하시겠다고 약속해 주셨어요. 하나님의 약속은 결코 실패하지 않는 영원한 약속이에요. 영원한 왕이신 예수님이 하나님의 약속대로 다윗의 후손으로 오셨어요. 하나님은 다윗에게 하신 약속을 모두 이루어 주셨어요. 하나님 나라 백성인 우리도 다윗처럼 마음 다해 하나님을 사랑해요.

선생님의 칭찬 메시지

가족과 함께 이야기해요

1. 다윗은 무엇을 짓고 싶은 마음이 있었나요?
2. 영원한 왕이신 누가 다윗의 후손으로 오셨나요?
3. 우리 가족이 하나님을 위하는 마음을 어떻게 표현할 수 있을까요?

요절 챈트를 따라 부르고, 요절을 쓰세요

요절챈트♪

사무엘하 7장 16절

사무엘하 7장 14-15절을 읽고, 아래의 내용이 나오는 절을 찾아서 적으세요

나는 그에게 아버지가 그는 내게 아들이 되리니

_____절

징계하려니와

_____절

빼앗지는 아니하리라

_____절

39과

·가정 복습 활동·

하나님의 은총을 받은 사람은 어떻게 살아야 하나요?

유년부 앱(APP)을 했나요?

성경이야기

하나님 나라 스토리를 읽어요

하나님의 은총을 받은 다윗 왕은 자기의 생명을 구해 주었던 친구 요나단과의 약속을 생각했어요. 그리고 신하에게 물었어요. "사울의 집에 아직도 남은 사람이 있느냐?" 다윗은 요나단과의 약속대로 요나단의 후손들에게 은총을 베풀어 주려고 했어요. 다윗은 요나단의 아들 므비보셋을 찾아냈어요. 므비보셋은 사울 왕의 손자였고 장애를 가지고 있었어요. 다윗은 그에게 사울의 재산을 돌려주고, 왕자처럼 왕의 식탁에서 식사하도록 친절을 베풀어 주었어요. 하나님의 은혜를 받은 다윗은 이웃에게 은혜를 베풀었어요. 다윗의 모습은 은혜를 베푸신 하나님의 모습과 닮았어요. 하나님 나라는 하나님의 은혜가 흘러가는 나라예요. 하나님 나라 백성인 우리도 하나님께 받은 은혜에 감사하고, 이웃에게 하나님의 은혜를 흘려보내는 은혜의 통로로 살아가요.

선생님의 칭찬 메시지

가족과 함께 이야기해요

1. 다윗은 요나단의 아들 누구에게 은총을 베풀었나요?
2. 하나님께서 우리 가족에게 베푸신 은혜는 무엇이 있나요?
3. 우리 가족이 하나님께 받은 은혜를 이웃에게 흘려보낼 수 있는 일을 생각해 보세요.

요절 챈트를 따라 부르고, 요절을 쓰세요

요절챈트♪

사무엘하 9장 7절 상반절

단원 찬양 영상을 보고 가장 기억에 남는 단어나 문장을 적어 보세요

40과 누가 죄를 인정하고 돌아서나요?

·가정 복습 활동·

유년부 앱(APP)을 했나요?

성경이야기

하나님 나라 스토리를 읽어요

우리아는 다윗의 충성스러운 신하였어요. 다윗은 우리아의 아내 밧세바가 목욕하는 모습을 보고 그 여인을 욕심냈어요. 다윗은 우리아의 아내를 빼앗고, 우리아를 전쟁터로 보내 죽게 했어요. 하나님께서 나단 선지자를 다윗에게 보내셨어요. 다윗이 하나님을 업신여겨 악을 행했다고 책망하셨어요. 다윗은 "내가 여호와께 죄를 지었습니다."라고 죄를 인정하며 회개했어요. 다윗은 마땅히 죽음의 벌을 받아야 했지만, 하나님께서 다윗과 한 약속 때문에 다른 형벌을 내리겠다고 하셨어요. 다윗은 자신의 죄를 회개했어요. 하나님은 다윗을 용서해 주셨어요. 하나님 나라 백성은 자신의 죄를 인정하고 죄에서 돌아서요. 하나님은 우리가 죄를 인정하고 돌이키면, 우리의 죄를 용서하신다고 약속하셨어요.

선생님의 칭찬 메시지

가족과 함께 이야기해요

1. 다윗은 무엇을 업신여기고 악을 행했나요?
2. 나단 선지자의 책망을 들은 다윗은 어떻게 반응했나요?
3. 우리 가족이 은밀한 죄에서 돌아서기 위해 어떻게 해야 할까요?

요절 챈트를 따라 부르고, 요절을 쓰세요

요절챈트♪

사무엘하 12장 13절

사무엘하 12장 9-13절을 읽고, 아래의 단어가 몇 번 나오는지 찾아보세요

업신여기고	은밀히	죄
______번	______번	______번

41과

·가정 복습 활동·

어떤 마음으로 하나님께 드려야 하나요?

유년부 앱(APP)을 했나요? ☐

성경이야기

하나님 나라 스토리를 읽어요 ☐

다윗은 하나님을 위해 성전을 짓고 싶었어요. 하지만 하나님은 다윗 대신 그의 아들 솔로몬이 성전을 지을 것이라고 말씀하셨어요. 다윗은 자신이 성전을 지을 수 없지만, 솔로몬이 성전을 잘 지을 수 있도록 최선을 다해 필요한 것을 준비했어요. 다윗은 놋, 철, 나무뿐만 아니라 자신이 가진 금과 은, 값진 보물도 성전 건축을 위해 기쁘게 드렸어요. 다윗이 먼저 하나님의 성전을 위해 기쁘게 드리자, 이 모습을 본 이스라엘 지도자들도 하나님의 성전 건축을 위해 자신의 것을 즐겁게 드렸어요. 이스라엘 백성도 성전 건축을 위해 자신의 귀한 것을 하나님께 드렸어요. 다윗과 이스라엘 자신이 받은 모든 것은 하나님께서 주신 것임을 기억하고 기쁘게 드렸어요. 하나님 나라 백성은 자신이 가진 모든 것이 하나님이 주신 것임을 알고, 하나님 나라를 위해서 기쁘게 헌신해요. 우리도 우리가 받은 사랑에 감사하며 하나님께 기쁘게 드려요.

선생님의 칭찬 메시지

가족과 함께 이야기해요

1. 다윗과 이스라엘 백성은 어떤 마음으로 하나님께 드렸나요?
2. 우리 가족에게 있는 모든 것이 하나님으로부터 왔다고 생각하나요?
3. 우리 가족이 기쁜 마음으로 하나님 나라를 위해 드리고 싶은 것은 무엇인가요?

요절 챈트를 따라 부르고, 요절을 쓰세요

요절챈트♪

역대상 29장 14절 하반절

교회용 '실천하기'를 한 후 나의 마음을 표정으로 그려 보세요

42과

·가정 복습 활동·

누가 우리의 목자일까요?

유년부 앱(APP)을 했나요?

성경이야기

하나님 나라 스토리를 읽어요

다윗은 “나는 부족함이 없어요!”라고 고백했어요. 이렇게 고백할 수 있었던 이유는 하나님께서 다윗의 목자가 되어 주셔서 언제나, 어디서나 다윗과 함께하셨기 때문이에요. 목자가 양을 사나운 짐승에게서 보호하고 푸른 풀밭으로 인도하듯이, 하나님은 다윗을 돌보아 주시고 의의 길로 인도해 주세요. 죽음의 골짜기를 나갈 때도 선한 목자이신 하나님이 함께 하시면 두렵지 않아요. 목자이신 하나님께서 지팡이와 막대기로 보호해 주시기 때문이에요. 하나님 나라 백성은 하나님을 선한 목자로 고백해요. 그래서 늘 부족함이 없다고 고백할 수 있어요. 부족함이 없다는 것은 어려움도 있지만 모든 과정에서 하나님이 지켜주셔서 결국 승리하게 된다는 뜻이에요. 하나님이 주시는 복을 경험하게 된다는 뜻이에요. 양이 목자의 음성만 따라가듯이, 우리도 선한 목자이신 하나님의 음성에 귀를 기울이고 하나님을 따라가요.

선생님의 칭찬 메시지

가족과 함께 이야기해요

1. 다윗은 왜 부족함이 없다고 고백했나요?
2. 우리 가족은 부족함이 없다고 고백할 수 있나요?
3. 우리 가족이 선한 목자이신 하나님의 음성을 잘 따라가려면 어떻게 해야 할까요?

요절 챈트를 따라 부르고, 요절을 쓰세요

요절챈트♪

시편 23편 1절

단원 찬양 영상을 보고 가장 기억에 남는 단어나 문장을 적어 보세요

43과

·가정 복습 활동·

함께 모여 무엇을 할까요?

유년부 앱(APP)을 했나요?

성경이야기

하나님 나라 스토리를 읽어요

이스라엘 백성들은 1년에 세 번, 절기가 되면 예루살렘 성전에 모였어요. 성전으로 가는 길은 멀었어요. 성전을 향해 걸어가는 이스라엘 백성들은 노래를 부르면서 그 길을 갔어요. 성전에 가는 동안 지켜주시는 하나님을 노래했어요. 먼 길을 걸어서 드디어 백성들이 예루살렘에 도착했어요. 이스라엘 백성이 함께 모여 찬양하며 예배하는 모습은 마치 형제가 연합하여 함께하는 모습과 같아요. 그 모습이 선하고 아름다워요. 보배로운 기름이 머리에서 수염, 옷깃까지 흐르는 것과 같아요. 이것은 제사장이 위임받는 모습이에요. 이스라엘 백성이 기름 부음을 받은 제사장의 역할을 감당한다는 뜻이에요. 이스라엘 백성은 함께 모여 예배하면서 제사장처럼 구별된 공동체로 부르셨다는 것을 기억했어요. 그리고 이슬이 마른 땅을 적셔 생명이 움트듯이 하나님이 주시는 은혜로 생명의 삶을 살게 하신 것을 찬양했어요. 하나님 나라 백성이 함께 모여 하나님을 찬양하고 예배드리는 것은 아름다운 모습이에요. 우리는 교회에 함께 모여 우리를 거룩한 하나님의 백성으로 불러주신 하나님을 찬양하고, 구원의 기쁨을 나누어요.

선생님의 칭찬 메시지

가족과 함께 이야기해요 ☐

1 이스라엘 백성들은 성전으로 가는 길에 무엇을 했나요?

2 함께 모여 예배하는 그 모습이 어떤가요?

3 우리 가족은 함께 모여 찬양하고 예배하고 있나요?

요절 챈트를 따라 부르고, 요절을 쓰세요 ☐

요절챈트♪

시편 133편 1절

시편 133편 1-3절을 읽고, 아래의 단어가 몇 번 나오는지 찾아보세요 ☐

연합	아름다운고	복
______번	______번	______번

44과 참된 지혜는 무엇일까요?

·가정 복습 활동·

☐ 유년부 앱(APP)을 했나요?

성경이야기

하나님 나라 스토리를 읽어요 ☐

지혜의 왕 솔로몬이 이스라엘 백성에게 지혜에 대해서 알려주고 있어요. 쉽게 이해할 수 있도록 두 가지 상황을 비교해서 설명해요. 지혜도 미련함도 사람들을 초대해요. 지혜는 정성스럽게 잔치를 준비하고 초대해요. 지혜가 준비한 음식은 사람들에게 '생명'을 줘요. 반대로 미련함은 아무것도 준비하지 않고 거짓말로 초대해요. 미련함은 도둑질한 물이 달고, 몰래 먹는 떡이 맛이 있다고 해요. 미련함이 준비한 음식은 '죽음'으로 이끌어요. 이 두 가지 초대를 통해서 우리는 지혜를 선택해야 한다는 것을 알 수 있어요. 우리는 어떻게 지혜와 미련함을 구분하고, 지혜를 선택할 수 있을까요? 바로 여호와 하나님을 경외하는 것이에요. 그것이 지혜를 가지게 되는 출발이에요. 하나님을 '경외한다'는 것은 하나님을 두려워하고 사랑하는 것이에요. 내 앞에 하나님이 늘 계시다고 생각하는 거예요. 하나님을 경외하면 지혜를 만나게 되고, 그 지혜가 주는 생명의 길로 갈 수 있어요. 하나님 나라의 백성은 오직 하나님을 경외하며 참된 지혜를 얻어요. 하나님을 경외하는 것이 참된 지혜의 시작이라는 것을 기억해요.

선생님의 칭찬 메시지

가족과 함께 이야기해요

1. 누가 사람들을 초대하나요?
2. 어떻게 하면 지혜를 선택할 수 있나요?
3. 우리 가족은 지금 지혜로운 삶을 살고 있나요?

요절 챈트를 따라 부르고, 요절을 쓰세요

요절챈트♪

잠언 9장 10절

교회용 '실천하기'를 한 후 나의 마음을 표정으로 그려 보세요

전도선교 주일

·가정 복습 활동·

전도는 어떤 마음으로 해야 하나요?

☐ 유년부 앱(APP)을 했나요? ☐

성경이야기

하나님 나라 스토리를 읽어요 ☐

요나는 니느웨로 가라는 하나님의 말씀에 불순종하고 도망갔다가 물고기 배 속에 들어가게 되었어요. 하나님께서는 요나가 물고기 배 속에서 나오게 해주셨어요. 요나는 자신을 용서해 주신 하나님의 사랑을 경험하고, 이제 하나님 말씀대로 니느웨로 갔어요. 그리고 니느웨가 곧 무너질 것이라는 하나님의 말씀을 전했어요. 하지만 요나는 이스라엘을 괴롭힌 니느웨 사람들이 회개하고 구원받는 것이 싫었어요. 하나님은 요나에게 하나님의 마음을 가르쳐 주시기 위해 박넝쿨을 준비하셨어요. 요나 곁에 박넝쿨이 자라 시원한 그늘이 생겼어요. 그런데 다음 날 새벽, 벌레가 박넝쿨을 다 갉아먹어 그늘이 사라졌어요. 요나는 하나님께 "하나님, 차라리 죽는 것이 낫겠어요."라고 불평했어요. 하나님께서 요나에게 말씀하셨어요. "네가 심지도 수고하지도 않고 하룻밤에 났다가 말라버린 이 박넝쿨도 아끼는데, 하물며 니느웨의 수많은 사람과 짐승을 내가 아끼지 않을 수 있겠느냐?" 하나님은 요나가 하나님의 마음을 깨닫고 하나님의 사랑을 전하길 바라셨어요. 전도는 사람들을 아끼시는 하나님의 마음을 깨닫고 하나님의 사랑을 전하는 것이에요. 하나님 나라 백성인 우리는 전도와 선교에 열정을 가지고, 하나님의 사랑을 전해요.

선생님의 칭찬 메시지

가족과 함께 이야기해요

1. 요나는 왜 니느웨 사람들에게 하나님의 말씀을 전하는 것을 싫어했나요?
2. 우리 가족도 사람들을 아끼시는 하나님의 마음을 가지고 있나요?
3. 우리 가족은 누구에게 하나님의 사랑을 전할 수 있을까요?

요절 챈트를 따라 부르고, 요절을 쓰세요

요절챈트♪

요나 4장 11절

교회용 '실천하기'를 한 후 나의 마음을 표정으로 그려 보세요

이단경계 주일
·가정 복습 활동·

거짓을 전하는 이단을 어떻게 해야 하나요?

유년부 앱(APP)을 했나요?

성경이야기

하나님 나라 스토리를 읽어요

예레미야 선지자는 하나님의 명령을 따라 줄과 멍에를 목에 걸고, 하나님의 말씀을 전했어요. "하나님께서 이 땅을 바벨론 느부갓네살 왕에게 주셨습니다. 바벨론 왕에게 항복하십시오. 그러면 살 것입니다." 하나님께서 예레미야를 통해 우상숭배하는 이스라엘의 멸망을 말씀하신 거예요. 그런데 하나냐라는 거짓 선지자는 하나님께서 평안을 주실 것이라며 거짓 예언을 했어요. 하나냐는 예레미야가 메고 있던 나무 멍에를 꺾어 버렸어요. 그러자 하나님께서 예레미야에게 "네가 꺾은 나무 멍에 대신 쇠 멍에들을 만들었다. 이스라엘이 바벨론의 왕 느부갓네살을 섬기리라. 너는 백성에게 거짓을 믿게 하였으니, 금년에 죽을 것이다."라는 말을 하나냐에게 전하게 하셨어요. 이스라엘 백성에게 거짓을 전한 하나냐는 하나님의 심판을 받아 죽게 되었어요. 또한 이스라엘은 하나님의 말씀대로 바벨론에 포로로 끌려갔어요. 이단은 거짓으로 속여 말씀을 더하거나 변형시켜요. 하나님 나라 백성은 참 진리에 굳게 서서 오직 예수님만 믿고 따라야 해요. 거짓을 전하는 이단을 조심해요.

선생님의 칭찬 메시지

가족과 함께 이야기해요

1. 하나님은 예레미야를 통해 이스라엘의 무엇을 말씀하셨나요?
2. 거짓 선지자 하나냐는 하나님께서 무엇을 줄 것이라고 거짓 예언을 했나요?
3. 우리 가족이 이단의 거짓 가르침에 속지 않으려면 어떻게 해야 할까요?

요절 챈트를 따라 부르고, 요절을 쓰세요

요절챈트♪

예레미야 28장 15절 하반절

사도신경 영상을 보면서 생각나는 단어나 문장을 적어 보세요

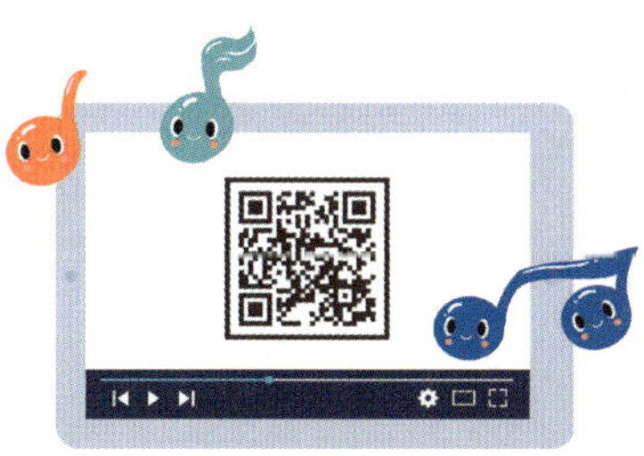

추수감사 주일

·가정 복습 활동·

어떻게 하나님께 감사해야 할까요?

유년부 앱(APP)을 했나요?

성경이야기

하나님 나라 스토리를 읽어요

하나님께서 모세를 통해 이스라엘 백성에게 절기를 지키라고 말씀하셨어요. 매년 타작 마당과 포도주 틀의 소출을 거두어들인 후에 일주일 동안 초막절 절기를 지켜요. 절기를 지킬 때에는 레위인과 고아, 과부와 같이 연약한 사람들과 함께 나누며 즐거워했어요. 하나님께 나올 때, 빈손으로 오지 않고 하나님께서 주신 복을 생각하고 힘껏 드릴 것을 준비했어요. 이스라엘 백성은 초막절을 지키면서 광야에서 인도하신 하나님을 기억하고, 풍성한 열매를 거두게 하신 하나님의 은혜에 감사했어요. 초막에서 지내면서 영원한 집, 하나님 나라를 바라보며 하나님 안에서 살기를 다짐했어요. 추수감사절은 구약의 초막절을 닮았어요. 이날은 한 해 동안 풍성한 은혜를 주신 하나님께 감사하는 날이에요. 하나님 나라 백성은 하나님이 주신 것을 감사하며 이웃과 함께 나누어요.

선생님의 칭찬 메시지

가족과 함께 이야기해요

1. 이스라엘 백성이 소출을 거둔 후에 일주일 동안 무슨 절기로 지키나요?
2. 올 한 해 우리 가족이 하나님께 받은 은혜는 무엇인가요?
3. 우리 가족이 하나님이 주신 은혜를 나눠야 할 이웃은 누구인가요?

요절 챈트를 따라 부르고, 요절을 쓰세요

요절챈트♪

신명기 16장 15절 하반절

추수감사절 찬양 영상을 보면서 생각나는 단어나 문장을 적어 보세요

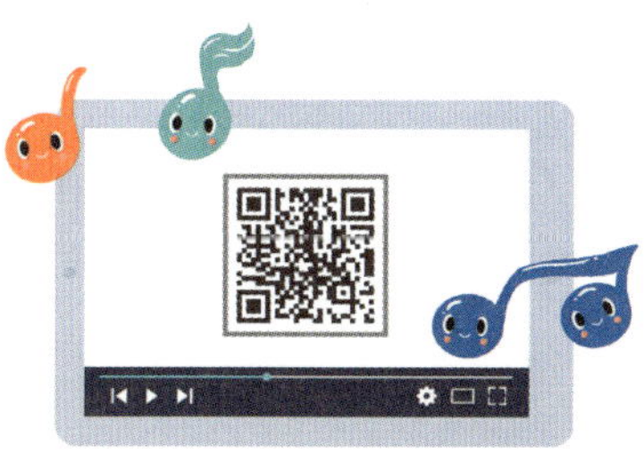

성탄 주일

·가정 복습 활동·

누가 베들레헴에서 태어나셨나요?

유년부 앱(APP)을 했나요?

성경이야기

하나님 나라 스토리를 읽어요

미가 선지자는 베들레헴에서 이스라엘을 다스릴 자가 나올 것이라고 예언했어요. 다윗의 동네였던 베들레헴은 유다에서 작은 마을 중 하나예요. 그런데 그곳에서 이스라엘을 다스릴 크신 왕이 나신다고 예언했어요. 이 일은 하나님께서 아주 오래전부터 계획하신 일이었어요. 하나님의 약속대로 베들레헴에서 한 아기가 태어났어요. 바로 우리 예수님이에요! 가장 작은 마을 베들레헴에서 하나님의 독생자이신 가장 크신 왕 예수님이 오셨어요. 예수님은 이스라엘의 참 목자가 되셔서 말씀으로 먹이시고 평강으로 인도해 주세요. 하나님의 독생자이신 예수님이 죄에서 우리를 구원하시기 위해 낮고 낮은 이 땅에 오셨어요. 우리를 위해 이 땅에 오신 예수님의 놀라운 사랑을 전해요.

선생님의 칭찬 메시지

가족과 함께 이야기해요

1. 미가는 이스라엘을 다스릴 자가 어디서 나올 것이라고 예언했나요?
2. 우리 가족은 하나님의 약속대로 예수님께서 이 땅에 오셨다는 것을 믿나요?
3. 우리 가족은 우리를 위해 이 땅에 오신 예수님을 위해 무엇을 할 수 있을까요?

요절 챈트를 따라 부르고, 요절을 쓰세요

요절챈트♪

미가 5장 2절

성탄절 찬양 영상을 보면서 생각나는 단어나 문장을 적어 보세요

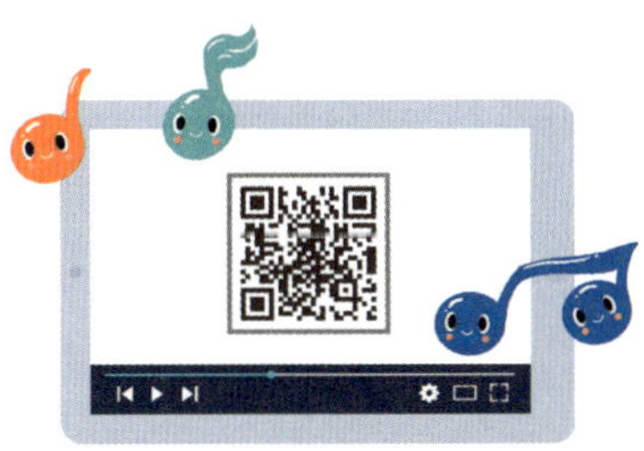

나를 칭찬해!

미션북을 마친 나에게 스스로 칭찬의 말을 적어 보세요.

모두 감사해!

미션북을 마치도록 나에게 힘을 주고 도와주신 분들에게 감사의 말을 적어 보세요.

미션북을
완성했다면
스스로 매 주일
하나씩 스티커를
붙여 보세요

미션북 활용법

① **유년부 앱(APP)을 한다.**
게임을 하면서 주일에 배운 공과 내용을 복습해요.

② **성경이야기 영상을 본다.**
주일에 배운 성경 본문 이야기를 영상으로 복습해요.

③ **하나님 나라 스토리를 읽는다.**
성경 그림과 글을 연결시켜서 생각해 보세요.
인물의 이름에 동그라미를 하면서 읽어 보세요.
더 재미있게 읽을 수 있어요.

④ **가족과 함께 이야기 하고 말씀을 실천한다.**

⑤ **요절 말씀을 쓰고, 요절 챈트를 따라 부르며 말씀을 외운다.**

⑥ **1주는 단원 찬양 영상을 보고 생각나는 단어나 문장을 적는다.**
2주는 말씀 속 핵심 단어를 찾는다.
3주는 교회용 '실천하기'를 한 후 나의 마음을 표정으로 표현한다.
4주는 말씀 속 핵심 단어가 나오는 본문을 찾는다.

⑦ **주일에 선생님께 확인 받는다.**

⑧ **미션북 가정 체크 리스트(별지)**
매주 미션북을 했다면 스스로 매 주일 하나씩 스티커를 붙여 보세요.

주일뿐만 아니라 **매일매일** 하나님 나라를 배워요.
교회에서뿐만 아니라 **집에서도** 하나님 말씀을 가까이해요.
혼자서뿐만 아니라 **가족과 함께** 말씀을 실천해요.
주중에 미션을 실천한 후 네모 박스에 체크를 해요. ☑

8월 ❤ MISSION BOOK

27과 무엇이 신앙의 실패인가요?

학습요점

하나님을 알지 못하는 것이 신앙의 실패예요.

미션북 체크표

28과 우리는 무엇을 의지해야 하나요?

학습요점

사람의 능력이 아닌 하나님의 능력만을 의지해요.

미션북 체크표

29과 하나님을 주인으로 고백할 때, 어떻게 되나요?

학습요점

놀라운 하나님의 일하심을 볼 수 있어요.

미션북 체크표

30과 왜 룻은 나오미와 함께 갔나요?

학습요점

룻은 하나님이 주인이심을 믿고 나오미와 함께 갔어요.

미션북 체크표